KB201802

성공은 하루 만에 잊어라

SEIKO WA ICHINICHI DE SUTESARE by YANAI Tadashi
Copyright © Tadashi Yanai & Takaharu Yasumoto 2009
All rights reserved.
Original Japanese edition published in 2009 by
SHINCHOSHA Publishing Co., Ltd.
Korean translation rights arranged with SHINCHOSHA Publishing Co., Ltd.
through BC Agency, Korea
Korean translation copyrights © 2025 Dasan Books Co., Ltd., Korea

이 책의 한국어판 저작권은 BC에이전시를 통해
저작권자와 독점계약을 맺은 다산북스에 있습니다.
저작권법에 의해 한국 내에서 보호를 받는 저작물이므로 무단전재와 복제를 금합니다.

일러두기

• 도서에 수록된 수치와 명칭은 저자가 원고를 집필한 2009년을 기준으로 합니다.
• '패스트 리테일링 주요 연표'(404~415쪽)는 공식 자료를 토대로 다산북스에서 업데이트한 것입니다.

유니클로 창업주
야나이 다다시의
경영 철학

성공은 하루 만에 잊어라

야나이 다다시
박선영 옮김

다산북스

머리말

일본 언론이 '유니클로, 나 홀로 승승장구'라며 법석을 떤 지도 벌써 1년이 지났다.
금융위기의 신호탄이었던 리먼 브러더스 사태 이후, 전 세계의 소매기업이 실적 부진에 시달리는 와중에도 유니클로의 매출은 호조세를 보였다. 그렇다고 '나 홀로 승승장구'라고 할 만한 성공은 아니었다. 우리는 지금도 여전히 미완성인 상태로 매일같이 악전고투하고 있다.
성공은 여전히 먼 이야기다.

그래도 희망을 잃지 않고 큰 포부를 가지고 일하다 보면 아무리 괴롭고 힘들어도 상황은 조금씩 나아진다. 그러면 개인도 회사도 성장한다. 세상일에 왕도는 없다. 한 발, 한 발 착실히 앞으로 나아갈 뿐이다.

세상에는 다양한 경영자들이 있는데 요즘 들어 부쩍 '성공'에 대해 착각하는 사람이 늘어난 듯하다. 따지고 보면 성공이랄 것도 없는데 스스로 대단한 일을 해낸 양 오해하는 사람이 많다. 그 정도 성과를 '성공'이라고 부르면 안 된다. 오히려 '성공이라는 이름의 실패'라고 해야 하지 않을까? 얄팍한 성공 따위는 무시할 수 있는 배짱이 필요하다. 경영자가 제일 중요한 고객을 뒷전으로 미룬 채 눈앞의 소소한 성공에 만족하면 안 된다.
'성공'은 성공이라고 부르는 순간부터 진부해진다.

기업을 둘러싼 경영 환경은 끊임없이 변한다.
타인의 생각과 방법을 흉내 내거나 안이하게 남에게만 맡겨놓으면 절대 성공할 수 없다. 타인의 성공, 아니 설사 자신의 성공이라도 지나간 사례를 복습하는 건 의미가 없다.
성공의 비결이나 공식 같은 건 원래 존재하지 않는다.
성공이라는 눈앞의 환영에 사로잡히거나 과거의 사소한 성공에 연연하면 진짜 성공을 손에 넣을 수 없다.
장사가 조금 잘되는 걸 가지고 성공했다고 착각하면 안 된다. 나 역시 늘 스스로 경계하고 있다.

소소한 성공은 만족으로 이어지고, 만족은 결국 안정지향이라는 병을 일으킨다. 안정적인 성장은 미리 계획할 수 있는 것이 아니다. 더 크고 진정한 성공을 향해 경영자 스스로 부지런히 움직이고 끊임없이 도전하지 않으면 안정적인 성장조차 장담할 수 없다.

유니클로는 후리스 열풍 덕택에 2001년 8월 결산기까지 매출은 물론 이익도 연속적으로 증가해 경이로운 성장률을 기록했다. 하지만 유행이 사그라들자 다음 해인 2002년에는 상장 이래 처음으로 매출과 이익이 동반 하락해 버렸다. 세간에서는 입을 모아 '유니클로의 위기'라고 떠들어댔다. 하지만 진짜 위기는 그다음에 찾아왔다.

유행이란 어차피 지나가기 마련이므로 매출과 이익이 하락해도 나는 그리 당황하지 않았다. 우리는 늘 하던 대로 꾸준히 노력했고, 그 결과 2003년에는 하락세가 멈췄다. 2004년이 되자 매출도 이익도 다시 늘어났다. 문제는 다음 해인 2005년이었다. 매출은 늘었지만 이익이 줄어든 것이었다. 이익 감소의 원인이 혁신적인 사업에

도전한 결과라면 아쉬워도 납득할 수 있었다. 하지만 그게 아니었다. 매출이 조금씩 되살아나자 회사 전체가 안정성장 지향이라는 병에 걸려버린 탓이었다. 최악의 상황이었다. 회사의 미래가 불안해질 정도로 심각한 위기였다. 회장으로 일선에서 물러나 있던 나는 그 사실을 깨닫고 3년 만에 사장으로 복귀했다. 그리고 모든 현장을 일일이 찾아다니며 살폈다. 내 눈앞에 놓인 것은 초기의 도전 정신은 잊어버리고 안정만 추구하는 대기업병에 걸린 회사의 모습이었다. 이대로 가다가는 망하겠구나 싶었다.

당장 '제2의 창업'을 기치로 내걸고 사내 구조개혁에 착수했다. 이 책은 그 도전의 기록이다. 도전이라고 하면 듣기에는 그럴듯하지만 실은 땀내 나도록 발버둥 치며 고군분투한 날들의 연속이다.

회사는 아무런 노력도 하지 않으면 망한다. 매일 '정상적인 위기감'을 느끼며 경영해야 한다. 회사를 성장시키고 발전시키고 싶다면서 '현재 상태에 만족'하는 것은 어불성설이다. 현재 상태를 부정하고 끊임없이 개혁해 나가야 한다. 그러지 못하는 회사는 죽을 날만 기다릴 뿐이다.

2008년 8월 결산은 매출 5864억 엔, 영업이익 874억 엔, 경상이익 856억 엔이었다. 끊임없는 개선의 노력이 결실을 이루고 히트텍이나 브라탑 같은 고품질의 상품을 다수 탄생시킨 결과였다. 하지만 앞서도 말했듯 '나 홀로 승승장구'는 결코 아니었다. 전년 대비 10% 넘게 올랐을 뿐 매출이 두 배, 세 배까지 뛰지는 않았다. 그저 불황에 꺾이지 않은 정도라고 할 수 있다. 그뿐 아니라 사내에서는 변함없이 대기업병의 퇴치, 글로벌 시장 개척을 향한 도전, 자회사의 재생을 위해 힘을 쏟고 있었다.

2020년에는 세계에서 가장 혁신적이고 경영 효율이 높은 기업이 되어 매출액 5조 엔, 경상이익 1조 엔을 달성하기 위해 매일 도전을 이어가고 있다.(2024년 8월 결산에서 유니클로는 매출액 3조 1038억 엔을 달성했다. – 옮긴이 주)

무모한 목표라고 손가락질할지도 모른다. 하지만 회사의 모든 수준을 향상시키고 유니클로를 비롯한 우리 그룹이 진정한 글로벌 브랜드로 도약한다면 충분히 달성할 수 있다고 믿는다.

거듭 말하지만 세상일에 왕도는 없다. 매일매일, 한 걸음

한 걸음, 때로는 일진일퇴하면서 악전고투하는 것이야말로 미래로 나아가는 지름길이다. 우리의 미래는 오늘의 행동으로 결정된다. 우리의 고단한 싸움의 기록이 불황에 지친 수많은 경영자와 현장에서 일하는 실무자에게 도움이 되면 좋겠다. 모든 이들이 다시 한번 뜨거운 가슴으로 도전할 수 있는 힘을 찾기 바란다.

차례

3장 성공은 버려라

4장 세계를 상대로 싸우기 위해

5장 차세대 경영자에게

"나는 유니클로를

그저 그런 평범한 회사로

만들고 싶지 않았다."

1장

안정지향이라는 병

회사를 경영해 본 적 없는 사람은 순풍에 돛 단 듯

잘나가는 상황을 정상이라고 착각한다.

하지만 위기감을 느끼며 회사를 경영하지 않으면

성장하기는커녕 유지하기도 어렵다.

자본주의 세상에서는 모든 회사가 절차탁마하며 서로 경쟁한다.

따라서 '안정적인 경영'이나

'안심하고 경영하는' 상황은 있을 수 없다.

늘 자신이 하는 일이 틀리지는 않을까 자문하면서

누구에게도 기대지 않고 회사를 경영해야만 한다.

젊은 경영인에게 기대를 걸다

유니클로를 창업하고 회사가 급성장할 때까지는 나 혼자 꾸려갈 수 있었다. 하지만 세계적인 기업으로 발돋움하려면 규모를 더 키우고 전문경영인 체제를 도입해야 한다고 생각했다. 더 이상 개인의 능력에만 기대어 성장할 수 없었기 때문이다. 다행히 회사가 커지면서 젊은 인재들이 많이 입사해 주었다. 그중에 다마쓰카 겐이치가 있었다.

다마쓰카는 1998년 12월 회사에 입사했다. 일본 IBM에서 일하던 그는 공급망 관리 프로그램을 영업하러 우리 회사를 찾아왔다가 함께 일하게 되었다. 입사 다음 해인 1999년 11월에는 이사 겸 마케팅 부장이 되었고, 2000년 9월에는 상무로 승진했다. 유니클로가 영국 진출에 실패했을 때 다마쓰카는 런던에 머물며 사업의 뒤처리와 재도전의 기반을 마련하기 위해 애써주었다. 2002년 5월 초순, 나는 다마쓰카에게 사장직을 맡아달라고 부탁했다. 당시 부사장이던 사와다 다카시가 사장 자리를 고사한 뒤의 선택이었다. 사와다는 자기 손으로 직접 회사를 세워 경영하고 싶다는 뜻을 밝혔다. 그렇게 5월 말, 사와다가 물러나고 다마쓰카가 부사장 자리에 올랐다.

2002년 11월 주주총회가 끝나고 열린 이사회에서 다마쓰카는 사장직을 수락했고 나는 회장이 되었다. 40세의 다마쓰카를 중심으로 한 젊은 경영인 체제가 시작된 것이다.

사실 나는 오래전부터 50이 넘으면 회장이 되려고 마음먹었는데, 53세가 되어서야 사장 자리를 물려주게 되었다. 다마쓰카 사장이 이끄는 새로운 경영팀에게 기대한 것은 '성장'이었다. 당시 중국 상하이를 비롯해 글로벌 매장 운영이 본격적으로 시작되었고 유니클로도 정상화되려던 참이었다. 그런 상황 속에서 나는 1기 경영 시대가 막을 내렸다고 생각했다.

3년 만에 다시 사장이 되다

2001년 8월 결산기, 회사 전체 실적은 경이로울 정도였다. 매출액 4185억 엔, 경상이익 1032억 엔으로 사상 최고치를 기록했다. 그러나 후리스의 유행이 끝나가자 실적도 떨어지기 시작했다. 2002년 8월 결산에는 매출액 3441억 엔, 경상이익 511억 엔으로 매출과 이익이 동반 하락했다. 중간에 사장이 교체된 2003년 8월 결산기에도 매출액 3097억 엔, 경상이익 415억 엔으로 2년 연속 매출과 이익이 모두 떨어졌다.

하지만 딱히 걱정할 만한 상황은 아니었다. 여전히 회사는 이익을 내고 있었고 덕분에 순자산도 착실히 쌓여갔다. 유니클로 이외의 다른 사업에는 투자도 하지 않았으므로 쓸데없는 비용도 쓰지 않았다. 재무 상황도 안정적이어서 초조해할 이유는 아무것도 없었다. 훗날 자회사들이 적자를 내서 모회사에 손을 벌리는 상황에 비하면 건실한 재무 상태였다.

다마쓰카 사장 체제가 초반부터 활약한 2004년 8월 결산기에는 성과가 아주 좋았다. 매출액 3399억 엔, 경상이익 641억 엔으로 전년 대비 매출과 이익 모두 상승했다. 문제는 이듬해부터였다. 매출은 늘었지만 이익이 떨어진 것이다. 2005년 8월 결산기, 매출액은 3839억 엔으로 늘었지만 경상이익이 586억 엔으로 전년도에 비해 8.6%나 하락했다.

다마쓰카 사장이 이끄는 젊은 경영진이 매출 감소를 막아내고 2년 연속으로 실적을 올린 점은 높이 평가할 만하다. 하지만 이익이 줄면 안 된다. 혁신적인 비즈니스에 도전한 결과라면 그나마 괜찮다. 그러나 안정성장주의에 젖어 '지금처럼만 하면 된다'라는 생각이 조금이라도 있었기에 큰 문제였다. 당시 회사에서는 MD(상품 기획)나 생산, R&D(연구 개발과 상품 개발)와 같은 다양한 부문의 상호 연계가 원활하지 않고 업무가 피상적으로 흐르는 현상이 눈에 띄었다.

'매출은 오르고 이익이 떨어지는' 상황은 다양한 측면에서 기업의 경영 효율이 나빠졌다는 증거다. 아마 하락하던 매출이 회복세로 돌아오자 직원 모두가 그동안의 긴장이 풀렸던 까닭일 것이다.
나는 다마쓰카에게 젊은 경영진을 잘 이끌고 왕성한 도전 정신을 발휘해 줄 것을 기대하며 사장 자리를 넘겨주었다. 하지만 좋은 가정에서 귀하게 자라서인지 다마쓰카는 의외로 안정성장을 지향했다. 사업에서는 기회다 싶으면 달려들어 물고 늘어져야 하는데, 그는 대담하게 도전하지 못하는 경우도 있었다. 대형점인 유니클로 플러스의 출점 전략이나 광고 문구의 제시 방법에서도 나와 의견이 달랐다.

입장이 다른 것도 영향이 있었으리라 본다.
나는 창업자이니 회사가 쉽게 망하지는 않는다고 믿고 때로는 도박과 같은 무모한 결정도 내릴 수 있다.
반면 다마쓰카는 경영을 위임받은 입장이다.
'회사를 위기에 빠뜨리고 싶지 않다'는 마음이 커서 위험한 도전을 피했는지도 모른다. 다마쓰카도 그 나름대로 훌륭히 일해주었지만 나와 태도 차이가 컸다.

세상 사람들이 일반적으로 생각한 것과 반대로 젊은
다마쓰카가 안정파였고 오히려 내가 급진파였다. 물론
다마쓰카가 하던 일은 견실하고 좋은 성과를 거두었다.
하지만 나는 그 상태로는 세계 시장에서 활약하는
혁신적인 기업을 이루지 못할까 봐 걱정이 됐다.
나는 유니클로를 그저 그런 평범한 회사로는 만들고 싶지
않았다.
나는 안정적인 성장은 원하지 않는다. 국내는 물론 세계
시장을 향해 진출하려면 더 역동적으로 도전해야 한다.
그러지 않으면 경쟁에서 지고 만다.

다마쓰카와 몇 번이고 이야기를 나눈 끝에 그는 사장
자리에서 물러나는 동시에 이사 직책도 사임했다.
나는 우리 회사를 글로벌 기업으로 키우고 싶었다.
그 생각으로 이사인 도마에 노부오에게는 미국 출점을
맡기고 다마쓰카에게는 당시 막 매수한 유럽 회사 '콩투아
데 코토니에'의 사장을 맡아달라고 부탁했다. 그리고 몇
년이 지난 다음에 다시 일본에 돌아와 달라고 제안했지만
그는 승낙하지 않았다. 2005년 9월 나는 사장으로
복귀해서 사장 겸 회장이 되었다.

매출이 떨어져도 도전은 멈추지 않는다

후리스 열풍은 2001년을 정점으로 수그러들었지만 덕분에 유니클로가 인정받게 된 것도 사실이다. 전국적으로 유니클로의 인지도가 올라갔고 동시에 사업 기회와 범위도 넓어졌다. 우리는 다양한 사업에 도전하기 시작했다. 회사 규모가 커져도 우리의 근본은 벤처 사업이다. 안정적인 성장은 애초에 안중에 없었기에 도전을 멈추지 않았다.

2004년부터 2005년까지 다마쓰카가 사장을 맡아준 시기에 우리는 다음과 같이 다양한 사업에 도전했다.

2004년 1월 — 컨템퍼러리 브랜드 '시어리'를 운영하는 (주)링크 인터내셔널(현재 (주)링크 시어리 홀딩스)에 출자

2월 — 여성복 브랜드 '내셔널 스탠더드'를 운영하는 (주)내셔널 스탠더드를 자회사화(2006년 5월 철수)

	10월	—	유니클로의 첫 대형 매장 '유니클로 플러스 신사이바시점' 출점
2005년	3월	—	신발소매업 체인점을 운영하는 (주)원존 자회사화(현 GU)
	5월	—	유럽을 중심으로 '콩투아 데 코토니에' 브랜드를 운영하는 넬슨 파이낸스 경영권 취득
	6월	—	링크 시어리 홀딩스 도쿄증권거래소의 '마더스' 시장에 상장
	9월	—	이탈리아 '아스페지' 브랜드의 일본 판매자 회사인 (주)실드를 자회사화하여 (주)아스페지 재팬으로 사명 변경(2008년 7월 철수)
	10월	—	유니클로 플래그십 매장인 유니클로 긴자점(도쿄도 주오구) 출점

이 시기에 다마쓰카가 유니클로 매장 경영의 전반을 꼼꼼히 챙겨준 덕분에 나는 상품 개발뿐 아니라 미뤄두었던 M&A에도 도전할 수 있었다.
다마쓰카는 정말 잘해주었고 지금도 그 점에 깊이 감사하고 있다.

한편, 도전의 결과는 어땠을까? 글로벌 패션업계의 인사이더가 되었다는 점에서는 시너지 효과가 높았고 회사에도 적잖이 도움이 되었다. 개인적으로도 다양한 경험을 통해 많은 것을 배웠다. 하지만 자회사의 재무 상황을 보면 여전히 고전하는 곳이 눈에 띄었다.

수익 면에서는 모회사에 효도하고 있노라 자신 있게 말할 수 있는 상황이 아니었다.

안정성장은 애초에 존재하지 않는다

앞서 경영자는 안정성장을 지향하면 안 된다고 했다. 이는 결과적으로 안정적인 성장을 이루더라도 처음부터 그런 성장을 바라면 안 된다는 뜻이다.
인간도 마찬가지다. 처음부터 목표를 높이 세우고 도전하지 않으면 성장할 수 없다. 애초에 안정적으로 성장하려고 들면 제대로 성장하지 못한다. 늘 위기감을 가지고 도전하지 않으면 자신도 모르게 현재 상태에 안주하게 된다.

앞으로 우리는 글로벌 SPA 브랜드 기업 갭이나 에이치앤엠, 자라와 경쟁을 하게 될 것이다. 우리의 경쟁 상대는 더 이상 국내 의류전문점이나 종합 슈퍼마켓이 아니다. 안정적인 성장을 목표로 하면 세계를 상대로 싸울 수 없다. 그 때문에 나는 지금 도전해야 한다고 생각했다.

비록 매출은 떨어졌지만 유니클로가 유명해진 지금이
아니면 기회가 없다고 확신했다.

핸드폰보다 매력적인 옷

나는 더 큰 기회를 얻기 위해서는 의류소매업계 밖으로 눈을 돌려야 한다고 생각한다. 의류업계 사람들은 자신이 몸담고 있는 시장에서만 옷의 수요를 찾는다.
옷의 경쟁 상대로 옷밖에 떠올리지 못하는 것이다.
따라서 같은 시장 안에서 어떻게 서로의 고객을 빼앗을 수 있는지에만 관심을 쏟는다. 좁고 한정된 시장에서 밥그릇 싸움을 하는 꼴이다.

내 생각은 다르다. 옷의 경쟁 상품은 옷만이 아니다.
핸드폰도 경쟁 상품이 될 수 있다. 나는 핸드폰보다 더 매력적이어서 고객들이 사고 싶은 옷은 어떤 모습일지 늘 상상한다. 결국 누가 더 시장을 폭넓게 보느냐의 차이다.

나는 의류소매업의 장래성에 대해서는 누구보다

낙관적이다. 고객들이 옷을 사줄 가능성은 여전히 충분하다. 그러므로 우리는 계속 도전해야 한다.

유니클로는 전국 브랜드로 성장해서 본격적인 해외 진출도 가능해졌다. 해외 브랜드를 인수할 만큼 재무 기반도 마련되었고 일본 안에서도 M&A에 착수했다. 대졸 신입으로 입사한 직원들은 어느새 30대 중후반의 간부 후보로 성장했다. 그들을 우리가 인수한 기업에 경영진으로 보내 직접 경영할 수 있는 시기였다.

대처해야 할 과제

2005년 9월, 나는 사장으로 복귀하면서 전 직원에게 '대처해야 할 과제'를 제시했다. 동시에 외부에도 공표했다. 내용을 요약하면 다음과 같다.

우리의 비전은 세 가지다.

(1) 전 세계인이 만족할 수 있는 획기적인 캐주얼 의류를 개발해서 언제, 어디서나, 누구라도 살 수 있게 한다.
(2) 혁신적인 글로벌 기업을 만들고 세계 최고의 캐주얼 의류 기업 그룹으로 키운다.
(3) 2010년까지 1조 엔의 매출과 1500억 엔의 경상이익을 달성한다.

이 세 가지 비전을 달성하기 위해 그룹의 사업구조 개혁을 추진하며 다음 전략을 집중적으로 실시한다.

(1) 재벤처화: 대기업 체질에서 벗어나 고수익과 고성장이 가능한 혁신적인 기업 그룹으로 탈바꿈한다.

(2) 글로벌화: 시장, 상품, 운영, 인재, 경영의 모든 면에서 글로벌화를 추진한다.

(3) 그룹화: 인수합병을 통해 성장 가능성이 높은 관련 사업에 진출해서 유니클로와 시너지 효과를 높이고 그룹 자회사의 가치를 극대화한다(이하 생략).

나는 매년 1월 1일 전 직원에게 '새해 인사와 올해의 방침'을 메일로 보내고 있다. 2006년 1월 1일에 보낸 메일은 '대처해야 할 과제'와 매우 관련이 깊은 내용이었다.

■ □ ■

2006년 신년 메일

세계 제일의 실현

새해를 맞이하여 올해 포부를 말씀드리겠습니다.

2006년도 방침으로 다음 내용을 여러분께 제시하고 공유하고자 합니다.

- 세계 제일의 실현
- 현장, 제품, 현실

유니클로와 패스트 리테일링이 세계 1등 기업이 되려면 현장, 제품, 현실에서 전 직원의 업무가 시작되어야 합니다.
동시에 모든 업무의 종결점도 현장, 제품, 현실이어야 합니다.
왜냐하면 우리의 모든 일은 고객을 위해 존재하기 때문입니다.
고객이 물건을 사고 만족해서 이 가게, 이 상품, 이 판매원, 이 회사가 세계 제일이라고 생각하는 것이 모든 직원의 궁극적인 목표입니다.

2005년 초에는 '제2의 창업, 즉단, 즉결, 즉행'이라는 새해 방침을 여러분께 제시했습니다. 작년은 그야말로 연초의 목표를 그대로 실행해 온 한 해였습니다.
새로운 경영 체제로 이행했고 홍콩 사업과 한국 사업은 성공을 거두었습니다. 미국 진출도 이루어졌습니다. 국내에서는 긴자점과 도부백화점 매장에서 성공을 거두었습니다. 상품 마케팅 본부가 가동되었고 R&D센터를 발족했습니다. 프랑스 브랜드 '콩투아 데 코토니에'와 '프린세스 탐탐', 신발소매업 회사 '원존'도 인수했습니다. 초대형 매장과 전문 소형점의 업태를 개발하는 등 다양한 전략을 실행했습니다.
미약하나마 유니클로와 패스트 리테일링이 글로벌 기업으로 성장할 조짐이 보이기 시작했습니다.

세계 제일의 기업이 될 가능성은 작년 초까지만 해도 0%였지만 현시점에는 3%에서 5% 정도까지 올라갔다고 확신합니다.
이 가능성을 급속도로 올려 10%가 30%로, 나아가 40%, 50%로 높여 100%에 가까워질 수 있도록 노력해야 합니다.
회사를 경영하면서 저는 회사든 개인이든 '성장하지 않으면 죽은 것이나 마찬가지'라고 확신하게 됐습니다.

매일매일 장사를 하면서 현장, 제품, 현실을 진지하게 바라보아야 합니다. 어설픈 희망을 품지 말고 고객과 시장을 누구보다 정확히 알아야 합니다. 현실에 지지 않고 이상을 품은 채 혁신적인 방법으로 가장 빠르게 앞서 나가야 합니다.
비즈니스의 세계에서 남들보다 빨리 달리지 않는 기업에겐 죽음이 기다릴 뿐입니다.

회사도 개인도 가장 효과적인 대책을 최대한 빨리 실행해야 살아남을 수 있습니다. 나아가 성장하기 위해서는 각자가 스스로 묻고 답하며 최적의 해결책을 찾아내야 합니다.

이제 여러분께 묻겠습니다.

매일 그 누구보다도 진지하게 자신의 일을 하고 있습니까?

여러분의 업무로 이익을 얻는 사람은 당신의 업무를 높이 평가하고 있습니까?

여러분은 현장을 누구보다 잘 알고 있습니까?

문제점과 해답을 현장에서 찾아내고 있습니까?

제품을 손에 들고 눈앞의 고객에게 판매하고 있습니까?

제품을 다양한 각도에서 살펴보고 있습니까?

최악의 현실을 이해하면서 최적의 해답을 찾고 있습니까?

세상 누구보다도 자신의 직무를 충실히 수행하고 있습니까?

고객의 요구를 누구보다 잘 알고 있습니까?

고객을 위해 오늘 무엇을 했습니까?

오늘 우리 점포를 찾아준 모든 고객이 상품을 구입하고 만족했습니까?

현재의 시장 상황과 경쟁 매장의 전략을 누구보다 본질적으로 이해하고 있습니까?

경쟁 매장의 다음 대책을 이길 전략이 있습니까?
자신의 업무에 이상을 품고 있습니까?
그 이상을 무엇보다 소중히 여기고 있습니까?
당신의 업무는 전 세계 누구보다도 혁신적입니까?
그 업무에서 세계 최고가 될 수 있습니까?
지금의 속도로 눈앞에 달려가는 기업을 앞질러 갈 수 있습니까?
여러분의 업무 기반과 발상의 원천은 현장, 제품, 현실입니까?
여러분은 세계 최고가 되기 위해 누구보다 노력하고 있습니까?

이 밖에도 질문은 남아 있습니다.
자, 여러분은 어떻게 답하겠습니까?
질문에 대한 답을 깊이 생각해 주시기 바랍니다.
그다음에는 여러분 스스로 질문을 던지고 그에 대한 답을 찾아내 주십시오.

올해는 개띠 해입니다.
작년 말, 12월 26일 자 《일본경제신문》에 '전형적인 도그 이어(dog year) 예감'이라는 기사가 났습니다. 기사에서는 "개는 인간보다 일곱 배나 빠른 속도로 성장한다. 좋은 기업도 마찬가지다. 빠르게 움직이기만 한다면 평소보다 몇 배 더 빨리 성장할 수 있다. 지금은 그런 세상"이라며 올해가 그런 해가 될 것이라고 예측했습니다.
또 같은 날, 세븐앤아이홀딩스(종합 슈퍼마켓인 이토요카도와 편의점을 운영하는 세븐일레븐의 지주회사)에 의한 밀레니엄 리테일링(세부 백화점과 소고의 지주회사)의 통합 기사가 실렸습니다. 일본 최초로 종합 슈퍼마켓과 백화점의 통합이 이루어진 것입니다. 말하자면 편의점과 백화점이 하나가 된 것입니다.
일본의 유통업계에도 업태를 뛰어넘은 본격적인 재편의 시대가 도래했습니다.

저는 소프트뱅크의 사외이사도 겸임하고 있습니다.
덕분에 '인터넷과 브로드밴드 시대가 마침내 시작'되었다고 인식하게 되었습니다. 이 흐름은 하이테크업계가 아니라 오히려 우리 같은 소매업계나 기업에 더 큰 혁신을 가져오리라고 확신하고 있습니다.

최근 일본 주식시장과 부동산에 대한 해외투자자들의 투자가 활발해지고 있습니다. 더불어 일본의 개인투자자도 처음으로 투자에 흥미를 갖고 움직이기 시작했습니다. 마침내 일본에서도 투자의 시대가 막을 연 것입니다. 그 주역은 개인투자자와 해외투자

자라는 사실을 실감하고 있습니다. 그야말로 패러다임의 전환이며 기업에는 절호의 기회입니다.

2010년에 1조 엔의 매출을 실현하기 위해 지금부터 사업구조개혁을 진행할 것입니다. 개혁의 키워드로 '재벤처화, 글로벌화, 그룹화'를 이미 제시했습니다. 올해는 사람보다 일곱 배나 빨리 성장한다는 '도그 이어'답게 이 세 가지 전략을 전속력으로 실행해 나갈 생각입니다.

유니클로와 패스트 리테일링이 고객의 마음속에 세계 1위 기업이 될 수 있는 기반은 현장, 제품, 현실에 있습니다.

책상 위나 본부에 있는 것이 아닙니다.

이 사실을 명심해 주기 바랍니다.

- 세계 제일의 기업
- 현장, 제품, 현실

부디 이 말의 본질을 이해하고 한마음으로 협력해 주기를 직원 여러분께 부탁드립니다.

■ □ ■

매년 1월 1일, 전 직원에게 보내는 이메일은 어느새 연례행사가 되었다.
12월이 되면 직원들에게 전하고 싶은 말을 계속 생각하면서 조금씩 기록해 둔다. 그리고 날짜가 1월 1일로 바뀌는 순간에 메일로 발송한다. 직원들 대부분이 진지하게 읽어주었으리라고 믿는다. '대처해야 할 과제'와 1월 1일의 메일 모두 내가 사장으로 복귀해서 가장 전하고 싶었던 말을 정리한 것이다.

그리고 '재벤처화, 글로벌화, 그룹화'를 추진하기 위해 우선 2005년 11월에 패스트 리테일링에서 일본 유니클로를 자회사로 분리했다. 그리고 패스트 리테일링을 그룹 전체의 지주회사로 만들었다. 지주회사화를 통해 미래의 사업 확대와 투자 기반을 마련한 셈이다. 동시에 경영자인 임원도 대외적인 회사법상의 이사와 별개로 집행임원으로 두는 제도를 채택했다. 그것도 타사에는 유례가 없는 위임형 집행임원제도였다.

‘재벤처화, 글로벌화, 그룹화’에 관해서는 다음 장에서 자세히 설명하겠지만, 지금도 여전히 혼란스러워하는 직원이 있을 것이다. 세 가지 내용을 제대로 이해하고 실행하는 사람이 얼마나 될지, 솔직히 잘 모르겠다. 나도 처음 꺼낸 이야기이므로 해본 적이 없고 또 잘할 수 있을지도 알 수 없다. 하지만 ‘잘할 수 있을지 아닐지’보다는 ‘어떻게 해야 할까’가 더 중요하다고 생각한다.

말로는 대강 알 수 있어도 직원 한 명 한 명이 자신의 행동을 어떻게 바꾸어나가야 할지, 스스로 무엇을 할 수 있는지 이해하려면 몇 년이 걸릴 수도 있다. 직원들이 적극적으로 경영에 참여해 준다면 언젠가는 납득할 수 있을 것이다. 모두가 이 내용을 이해할 수 있는 날이 오기를 진심으로 바란다.

일단 도전하고 실패하면 바꾼다

처음에는 모회사인 패스트 리테일링을 되도록 작은 규모의 순수 지주회사로 만들고자 했다. 하지만 최근 들어 유니클로의 핵심 관리조직을 패스트 리테일링에서 일정 부분 운영하는 사업지주회사에 가까운 형태로 되돌리고 있다. 현재는 그런 상태다.
야심 차게 시도했던 위임형 집행임원제도는 예상과 달리 용두사미로 끝나는 느낌이다. 처음에는 위임계약서를 쓰는 대신 1년 동안 집행임원이 달성해야 할 목표를 정해진 양식에 기록하도록 했다. 하지만 모든 집행임원이 참여한 것이 아니라서 어중간한 제도가 되고 말았다. 임원 수도 상당히 늘어 기대했던 것과는 약간 동떨어진 모습이 있다.

기업을 경영할 때는 실제로 해보지 않으면 알 수 없는 일이 많다. 그래서 완벽해질 때까지 기다렸다가는 아무것도 못 한다. '이런 일을 하고 싶다'고 생각하는 데서 그치는 게 아니라 늘 '어떻게 해야 할까'를 고민하고 결단해야 한다. 사람들은 보통 자신이 과연 할 수 있을지, 자신에게 그런 능력이 있을지, 차라리 다른 일을 하는 편이 나을지 고민한다. 그래서 실패하는 것이다.

세상은 개인보다 훨씬 큰 존재이므로 각자의 형편은 고려해 주지 않는다. 사회적으로 필연성이 없으면 무슨 일이든 실패한다. 사회가 그 사업을 필요로 하기 때문에 성공하는 것이다. 사실은 아무것도 고민할 필요가 없다. 그저 무엇이든 도전하면 된다. 실패라고 깨달으면 순순히 인정하고 바로 바꾸면 된다. 회사를 상장한 이래 지금까지 나는 도전하고 실패하고 또 바꾸기를 주저하지 않았다. 그 점이 지금까지 사업을 해올 수 있었던 이유라고 생각한다. 채소 사업과 패미클로, 스포클로의 실패와 철수가 전형적인 사례다. 회사 내부사업도 사회 정세와 소매업 전반, 경쟁사의 상황 등을 종합적으로 또 객관적으로 살피고 판단했으므로 기본적으로 회사가 나아갈 방향성은 틀리지 않았다.

매출과 이익 하락에 오히려 안심하다

다시 후리스 열풍이 불던 때로 돌아가 보자.
유행하기 직전의 결산, 즉 1998년 8월 결산기에는 매출액이 831억 엔이고 경상이익은 63억 엔이었다.
다음 해인 1999년에는 매출액 1110억 엔, 경상이익 141억 엔, 2000년에는 매출액 2289억 엔, 경상이익 604억 엔, 2001년에는 매출액 4185억 엔, 경상이익 1032억 엔으로 매년 200%씩 가히 폭발적인 증가세가 3년 내내 이어졌다.
하지만 바로 다음 해인 2002년에는 매출액 3441억 엔, 경상이익 511억 엔으로 상장 이후 처음으로 매출과 이익이 동시에 하락해 버렸다.

자칫 오만하게 들릴 수도 있지만 매출과 이익이 줄어들자 오히려 나는 마음이 놓였다. 그동안의 실적은 우리 실력으로 이뤄낸 것이 아니었기 때문이다.

아무도 컨트롤할 수 없는 후리스 열풍이 휘몰아쳤지만 그것은 성장이 아닌 팽창이었다. 그래서 매출과 이익이 하락했을 때 드디어 비정상적인 상황이 끝났다고 안심한 것이다. 이제야 정상적인 환경에서 장사를 할 수 있겠구나 싶었다.
한창 유행할 때는 상품이 날개 돋친 듯 팔려나갔다. 포장을 풀고 창고에서 물건을 꺼내 진열대에 놓자마자 사라졌다. 아무 일도 할 필요가 없었다. 그런 건 장사가 아니다. 그런 상태가 지속되면 사람은 감각이 마비된다. 언제든 쉽게 팔릴 것이라고 착각하고 만다.

기하급수적으로 판매량이 늘어도 우리 회사는 모든 상품을 계획 생산하므로 매출액이 1000억 엔에서 2000억 엔으로, 다시 4000억 엔으로 올라가는 상황에 대응하기가 쉽지 않았다. 상품기획부터 공장의 생산위탁, 하다못해 유통까지 전 과정을 우리 손으로 직접 해야만 했다. 담당자 수는 거의 늘지 않았는데 업무량은 비정상적일 정도로 증가했다. 결과만 놓고 보면 어찌 되었든 해냈다. 후리스 열풍이 몰아치던 2년 동안 생산과 매출이 네 배까지 늘어나는 상황을 간신히 버텨낸 셈이다.

그러므로 언제 상황이 급반전해도 우리는 완벽하게
대응할 자신이 있었다. 실제로 매출이 대폭 떨어졌을 때도
사내에서는 아무도 걱정하거나 동요하지 않았다.
생산량을 지속적으로 줄여나가도록 계획을 수정하면 되는
일이었다.

의외로 동요는 사내가 아니라 외부에서 일어났다.
'유행이 끝나자 매출은 끝없이 추락, 사내는 심한 동요의
소용돌이'라는 식의 기사도 여럿 발행됐다.
무슨 이유에선지 세상은 급성장한 회사를 곱게 보지
않는다. 그렇게 빨리 성장한 배경에는 분명 어떤 꼼수가
있었을 거라는 식이다. 그리고 회사의 성장이 멈추면
기다렸다는 듯이 '꼴좋다, 내 그럴 줄 알았다'라며
비아냥대기 시작한다.

매출이 떨어져도
수익은 올릴 수 있다

매출 하락을 예측하고 매주 생산 계획을 수정해 가며 실행하기란 여간 힘든 작업이 아니다. 자동차 운전을 생각하면 이해하기 쉽다. 신나게 달리다가 급제동을 걸면 관성의 법칙 때문에 몸 전체가 앞으로 고꾸라질 위험이 있다. 급브레이크를 밟아도 위험하지 않도록 누군가는 안전벨트 기능을 해야 한다.
우리는 급성장기에 비해 발주량을 대폭 줄이고 공장의 협력을 얻어 생산량을 조정했다. 재고가 비정상적으로 늘면 안 되기 때문이다. 매일 대책을 세우고 문제를 해결하지 않으면 언제 앞으로 고꾸라질지 모른다. 당연히 유니클로에 그런 일은 없었다.

2002년, 유니클로의 매출액은 3441억 엔으로 전년에 비해 줄었지만, 경상이익은 511억 엔이었다. 다음 해인 2003년에도 매출액은 3097억 엔으로 줄었지만, 경상이익은 415억 엔으로 착실히 돈을 벌고 있었다. 매출 대비 경상이익률은 2002년이 14.8%, 2003년이 13.4%로, 자화자찬 같지만 이 정도면 훌륭한 성적표라고 생각한다.

매출은 줄었지만 유니클로는 꾸준히 이익을 내고 있었고 매년 순자산도 쌓여갔다. 그 덕분에 영국과 중국으로 진출할 수 있었고, 식품사업과 같은 새로운 도전도 할 수 있었다. 결국 내게 맡겨진 과제는 하나뿐이다. 어떤 상황에서도 회사가 망하지 않고 급성장하면서 고수익을 올리게 만드는 것. 단, 도전을 할 때는 '회사가 망하지 않을 것'이 전제되어야 한다. 안정된 재무 기반이 받쳐주지 않으면 계속해서 도전할 수 없기 때문이다.

단품 대량생산의 시대는 끝났다?

유니클로의 매출과 이익이 떨어지던 시기, 언론의 비판 기사 중에는 '단품을 대량으로 생산·판매하는 방식은 이미 한계에 부딪힌 것 아닌가'라는 내용도 있었다. 내가 볼 때 이 주장은 말도 안 된다.

우리는 고객이 원하는 상품을 실시간으로 만들어 적정한 가격에 제공하기 위해 고민하고 애써왔다. 매출 하락은 고객의 수요가 모두 채워져 포화 상태가 된 결과일 뿐이다. 이 현상을 보고 단품 대량생산의 시대가 끝났다고 결론짓는 것은 너무나 단편적인 생각이다. 고객이 기대하지 않는 상품을 만들었다면 분명한 실패다. 하지만 고객이 원하는 상품을 만든다면 고객과 회사 모두에게 이익이므로 비즈니스는 성립한다. 판매 방식과는 상관없는 이야기다.

매출과 이익이 동반 하락할 때도 우리는 제품의 완성도를 높이고 대량생산 판매를 위한 기반을 다지기 위해 노력했다. 상품기획에서 생산, 물류, 판매까지 전체 시스템을 더욱 정밀하게 구축했다. 덕분에 매출과 이익이 줄어도 이익률은 높은 수준을 유지할 수 있었다.

소매업만큼 꾸준하면서도 착실하게 일해야 하는 업종도 없을 것이다. 우리는 1000엔 남짓한 상품을 기획하고 만들어 매일 판매한다. 상품 하나하나를 판매하는 일은 상당히 지루한 작업의 연속이며 말 그대로 노동집약적인 일이다. 그 고단한 과정을 거쳐 작업을 완수해야만 급성장과 고수익이라는 성과를 손에 쥘 수 있다.

위기감과 불안은 다르다

나는 회사란 위기감을 느끼지 못한 채 아무 노력도 하지 않고 대책 없이 내버려 두면 망한다고 믿는다.
회사는 언제나 위기감 속에서 경영해야 마땅하다.
한마디로 '정상적인 위기감'이 필요하다고 할 수 있다.
회사를 경영해 본 적 없는 사람은 순풍에 돛 단 듯 잘나가는 상황을 정상이라고 착각한다. 하지만 위기감을 느끼며 회사를 경영하지 않으면 성장하기는커녕 유지하기도 어렵다.

위기감과 불안은 전혀 다르다. 이 둘을 착각하면 회사를 제대로 경영할 수 없다. 위기라는 소리에 바로 불안을 느끼는 사람은 생각을 바꿔야 한다.
위기, 즉 리스크는 잘 해결하면 즉시 이익으로 이어진다.
그래서 나는 회사를 경영할 때 마주하는 위기는 이익과

동의어나 마찬가지라고 여긴다.
기꺼이 스스로 리스크를 짊어지고 남보다 조금이라도 더 잘 경영한다면 훨씬 더 많은 돈을 벌 수 있다.
자본주의 세상에서는 모든 회사가 절차탁마하며 서로 경쟁한다. 따라서 '안정적인 경영'이나 '안심하고 경영하는 상황'은 있을 수 없다. 늘 자신이 하는 일이 틀리지는 않을까 자문하면서 누구에게도 기대지 않고 회사를 경영해야만 한다.

불안이란 앞날에 대해 아무것도 예측할 수 없을 때 느끼는 감정이다.
만일 점장에게 '매장을 운영할 때 불안한 요소를 써 보라'고 하면 피상적인 현상만 늘어놓을 것이다.
'고객이 한 명도 안 오면 어떻게 하지?'
'새로운 상품을 진열해도 하나도 안 팔리면 어떻게 하나?'
'아르바이트생이 내 지시를 따르지 않으면 어떡하지?'
이런 현상 때문에 불안하다고 답할 것이다.

하지만 불안을 느끼는 근본 원인과 어떻게 하면 해결할 수 있을지에 대한 대책은 전혀 생각하지 못한다.

같은 사고회로 속에서 빙빙 돌기만 하니 좀처럼 결론이 나지 않는다.

점장이 말한 현상은 객관적으로 전혀 불안 요소가 아니라는 사실을 알려주어야 한다. 동시에 상황을 냉철히 판단하고 어떤 해결책이 필요한지 스스로 생각해서 실행하라고 일러주면 된다. 해결책을 실행했다가 실패하면 또 다른 방법을 찾으면 된다.

우리가 하는 일은 꾸준하고 착실한 노력이 필요하다. 상품을 구입하는 고객을 얼마나 만족시킬 수 있을지 고민하면서 매일매일 세세한 부분까지 노력해야 한다. 불안을 느낄 여유가 없다.

중국의 두 리더가 보여준 실패와 성공

유니클로의 중국 진출은 2002년 9월 30일, 상하이 시내에 매장 두 곳을 열면서 시작됐다. 점포마다 실제로 수익을 올릴 수 있을지 검토하면서 사업을 확대할 방침이었다. 그 결과 2003년 11월까지 매장은 모두 여덟 곳으로 늘어났다. 영국 출점의 실패를 반면교사로 삼아 같은 실수를 되풀이하지 않겠노라 다짐했지만 초반에는 사업이 잘 풀리지 않았다.

중국 사업은 2001년 1월부터 준비했는데, 출점 프로젝트의 리더는 중국인 H였다. 그는 같은 해 8월 중국 현지 자회사의 사장으로 취임했다. 일본에서 대학을 졸업하고 1994년에 우리 회사 최초의 외국인 직원으로 입사했다. 입사한 지 반년 만에 점장이 되었고 생산관리 업무를 맡다가 1999년에 상하이와 광저우에 생산관리

사무소를 세웠다. 노력파에 의욕도 넘쳤고 업무 능력도 뛰어났다. 그러나 자기주장이 강하고 뭐든지 자기 식대로 해야만 직성이 풀리는 성격이었다. 한마디로 독불장군이었다.

H는 중국 유니클로 사업이 일본 유니클로와는 별개라고 생각했다. 즉, 일본 유니클로를 중국으로 확장하는 것이 아니라 중국에서 새로운 유니클로를 만들려고 했다.
실제로 그는 중국인의 소득 수준에 비해 제품 가격이 비싼 점을 우려해, 가격을 일본보다 싸게 책정해 버렸다. 가격에 맞추다 보니 제품의 품질이 떨어졌지만 H는 어쩔 수 없다고 여긴 것 같았다.

하지만 유니클로의 강점은 단연코 좋은 품질과 그에 비해 저렴한 가격이다. 가격은 물론, 시스템과 문화까지 아우른 유니클로 자체를 중국인에게 소개해야 했다.
그 점을 제대로 이해하지 못한 탓에 중국 현지 매장은 좀처럼 매출이 오르지 않았다. H도 꽤 마음고생을 했는지 매달 도쿄 본부에서 열리는 임원회에 월간 실적을 보고하러 올 때마다 점점 생기를 잃어갔다.

2005년에는 수도 베이징에 매장 두 곳을 열었지만 역시 적자가 이어져 1년을 못 버티고 문을 닫고 말았다.

한편 1995년 4월, H보다 1년 늦게 중국인 직원 판닝이 입사했다. 그는 처음에 매장에서 일하다가 반년 만에 점장이 된 이후 오사카의 생산관리 사무소로 발령을 받았다. 1999년에는 중국으로 건너가 광저우시에 생산관리 사무소를 세웠다.

판닝은 2005년 3월, 패스트 리테일링의 사업회사인 유니클로 홍콩 리미티드가 설립됨과 동시에 대표이사 겸 사장이 되어 홍콩 출점을 담당했다. 같은 해 9월 말, 홍콩에 유니클로 1호점을 오픈하면서 신중하게 판매 상품을 선정한 결과 '청바지와 티셔츠의 유니클로'를 강조했고 대성공을 거두었다.

이 홍콩 매장과 관련된 뒷이야기가 있다.
홍콩의 출점 장소를 두고 일본에서 회의가 열렸는데 대부분이 탐탁지 않아 했다. '이런 곳에 점포를 열다니 말도 안 된다', '손님이 아무도 안 오는 것 아니냐'라고 말하는 사람도 있었다. 매장이 들어설 쇼핑센터가 인기가 없었기 때문이었다. 하지만 입지 자체는 훌륭했고 임대료에 비해 넓은 면적을 확보할 수 있었다. 그런 곳에서 상품이 잘 팔리면 그야말로 대박이었다.

상품은 물론 태그도 전부 일본과 똑같이 만들고 가격표만 바꿔 붙였다. 일본에서 하던 그대로, 일본의 문화를 직접 선보이겠다는 생각으로 도전했다. 막상 뚜껑을 열어보니 오픈 첫날부터 엄청난 행렬이 이어졌다.
결과는 대성공이었다.

판닝은 2005년 12월 H의 뒤를 이어 패스트 리테일링 중국의 사장으로 취임했다. 이듬해인 2006년에는 그의 지휘 아래 상하이 쇼핑몰 강후이헝룽광장과 정대광장에 매장을 열어 두 곳에서 모두 성공을 거두었다.

판닝도 H와 마찬가지로 상품의 가격대를 두고 고심했다. 일본에서 판매하는 고품질의 상품을 중국에서 같은 가격으로 팔면 관세가 더해져서 현지 브랜드보다 비싸질 것이 분명했기 때문이다. 하지만 품질을 유지하는 것이 가장 중요하다고 생각한 그는 일본 내수용 제품을 그대로 중국에 들여왔다. 운 좋게도 상하이에서는 최근 몇 년 동안 단기간에 중산층이 늘었고 그들의 소득이 급격히 증가했다. 유니클로 상품의 장점, 즉 '좋은 품질과 합리적인 가격'을 알아주는 중국 중산층을 주 소비층으로 공략한 덕분에 매출은 크게 늘었다.

중국 시장에서 유니클로는 감각 있는 베이직 캐주얼로 조금씩 자리를 잡아갔다. 자라나 에이치앤엠과 더불어 앞으로 중국 시장에서 크게 성장할 브랜드라는 평가까지 받았다. 2008년 3월에는 일시적으로 철수했던 매장을 베이징의 유명 쇼핑가인 시단에 다시 열었고, 매출과 이익 모두 순조롭게 늘어났다.

해외 진출의 3단계

해외에 매장을 열고 성장하는 과정은 세 단계로 나눌 수 있다.

첫 번째 단계는 우선 점포마다 흑자를 내는 것이다. 출점한 점포에서 수익이 나지 않으면 어떤 일도 시작할 수 없다. 해외 진출은 원래 투자 기회를 찾아 나서는 것이므로 자금이 회수될 전망이 서지 않으면 사업 확대는 불가능하다.

두 번째 단계는 성공한 점포의 노하우를 활용해서 점포 수를 서서히 늘려나가는 것이다.

마지막 세 번째 단계는 대량으로 출점할 수 있는 핵심 노하우를 파악해서 단번에 자금을 투입하고 매장을 확대해 나가는 것이다.
이 과정에서 하나라도 실수하면 실패하고 만다.

영국에 진출했던 때의 이야기다. 2000년 6월 런던에 자회사를 설립하고 다음 해 9월에 런던 시내에 네 개의 매장을 열었다. 그 후 영국 내의 매장을 21개까지 늘렸지만 대부분 채산이 맞지 않아 런던 시내와 근교의 매장 다섯 개만 남기고 나머지는 2003년에 모두 문을 닫았다.

실패할 때까지의 과정과 원인을 간단히 설명하면 이렇다. 무엇보다 '3년 안에 50개 매장을 출점하겠다'거나 '3년 안에 흑자화하겠다'는 내 기대가 너무 안일했다.
하지만 가장 근본적인 문제는 아무도 제대로 일하지 않았다는 점이다.

현지에서 채용한 영국인 사장을 비롯해 매장 직원까지 '우리 손으로 전부 다 한다'는 패스트 리테일링의 이념과 문화를 전혀 이해하지 못했다. 본부 조직은 너무 비대했고 경비를 사용하는 방법에도 문제가 있었다. 고객의 요구를 들을 자세가 되어 있지 않았고 생산과 판매, 재고의 균형도 맞지 않았다. 문제점을 말하자면 끝이 없을 정도다.
결국 의류소매업이라는 업의 본질을 잊어버렸기 때문에 모든 면에서 허술할 수밖에 없었다. 당시 영국 진출로 인해 회사는 120억 엔 정도의 손실을 입고 말았다.

정리하는 김에 남은 다섯 매장도 전부 철수하자는 의견도 있었다. 하지만 앞으로도 글로벌 진출의 필요성은 점점 더 커질 것이고, 게다가 전부 철수해 버리면 애써 영국에 진출한 의미가 사라지는 것이었다. 실패는 미래를 위해 활용되어야 한다. 매장의 지나친 확대가 실패의 원인이라면 채산이 맞는 수준까지 축소하면 될 문제였다.

그 후 2007년 11월 런던의 옥스퍼드 스트리트에 글로벌 플래그십 매장과 신규 대형점 두 곳을 같은 날 오픈했다. 각각 면적이 700평과 400평에 달하는 대규모 매장이었다. 글로벌 플래그십 매장으로는 2006년 11월에 문을 연 유니클로 뉴욕 소호점에 이어 두 번째 점포였다.
다행히 두 매장은 이제 겨우 흑자로 돌아설 것으로 예측된다.

개혁은 여전히 진행 중이다.

해외로 진출할 때마다 늘 세계 최고의 유니클로를 만들겠다는 포부를 안고 그 나라와 도시에서 가장 좋은 입지에 대형 플래그십 매장을 오픈한다. 유니클로 점포와 상품의 인지도를 높이기 위해서다. 출점 이후 수익이 나고 실적이 안정되면 그 국가 내에서 매장을 더 확대해 갈 생각이다. 그렇더라도 당분간 시행착오는 계속될 듯하다.

지나친 혁신은 실패한다

회사 주식을 상장한 이래 처음으로 매출과 이익이 동시에 하락한 2002년 8월 말, 나는 새로운 사업을 검토하기 시작했다.
당시는 후리스 생산과 판매로 회사 전체가 휘둘리다가 유행이 한풀 꺾이자 매출이 떨어져 약간 의기소침해진 때였다. 나는 기운을 차리고 혁신적인 프로젝트에 착수했다. 신선하고 안전한 채소와 과일을 판매하는 사업이었다. 그해 9월에는 에프알(FR)이라는 자회사도 설립했다.

저명한 경제평론가인 규에이칸 선생에게 농업 연구가 나가타 데루키치라는 선생을 소개받았는데,
그는 자신이 연구한 나가타 농법에 대해 이렇게 설명했다.
"일본에서 나는 채소와 과일은 원래 세계 최고 품질인데

지금 시장에서 팔리는 것들은 그렇지 않다. 물과 비료를 극도로 제한하면 척박한 토양에서 농작물이 가진 본래의 힘을 끌어내어 다시 맛있는 채소와 과일을 만들 수 있다."
농업을 개혁하려는 그의 열정에 공감한 것이 에프알의 출발점이었다. 마침 집에서 채소가게를 한다는 집행임원이 에프알을 맡아보겠다며 나섰다.
그가 지금은 GOV 리테일링(패스트 리테일링의 계열사)에서 부사장으로 일하는 유노키 오사무다.

먼저 자회사로 에프알을 설립한 뒤 나가타 농법을 실천하는 일본 전국의 농가를 찾아다니며 최종 소비자에게까지 농산물을 전달할 수 있는지 가능성을 탐색했다. 그리고 샘플 시식회, 언론 발표, 이메일 뉴스레터 발신 등을 거쳐 2002년 11월부터 인터넷 판매와 회원제 판매를 개시했다. 다음 해 5월에는 마츠야긴자백화점 식품매장에 1호점을 내고 7월부터 10월까지 다섯 곳의 직영점을 오픈했다.

사실 회사 내에도 이 사업에 반대하거나 의견이 다른 사람이 많았다. 언론에서도 찬반양론이 팽팽했다. 하지만 나는 내 나름의 논리가 있었다. 유니클로의 방식이 전혀 다른 업종과 업태인 농업에도 통할 수 있지 않을까? 해보지 않으면 알 수 없는 법이다. 사회적으로도 대단히 의미 있는 일이었다.
결국 나는 밀어붙이기로 했다.

결과는 대실패였다. 유니클로의 방식을 철저히 관철하려면 유통 경로를 개혁할 뿐 아니라 농사도 직접 지어야 했다. 하지만 일본은 규제가 너무 많아서 농업을 사업으로, 그것도 대규모 사업으로 발전시키기는 불가능했다.
아마 실제로 농사에 도전했어도 실패했을 것이다.
우리는 채소와 과일 경작의 전문가가 아니었고 농산물은 공산품처럼 계획대로 생산되지 않았다.
'처음부터 그런 것도 알아보지 않고 뛰어들었냐'라고 비판한다면 겸허히 받아들이겠다. 다만 농업을 얕잡아 본 것은 결코 아니다. 진지하게 사업에 뛰어들었지만 실패한 것이다. 2004년 4월, 회사는 이 분야에서 전면 철수했고 이십 몇억 엔에 달하는 경비를 날렸다.

농업에서는 지금까지 쌓아온 유니클로의 노하우와

인재를 활용할 수 없었다. 우리의 강점은 섬유제품을 직접 만들고 우리 손으로 파는 것이었다. 그 강점을 살릴 수 있는 세계가 아니면 유니클로의 방식을 그대로 적용할 수 없음을 알게 됐다. 혁신은 지나쳐도 실패하는 법이다.

후리스의 다음은 캐시미어다

후리스 다음에는 어떤 소재를 밀고 나갈 것인가?
고민 끝에 캐시미어로 결정하고 2002년 3월 무렵부터 준비에 들어갔다.
캐시미어 염소의 털에서 채취하는 캐시미어는 가볍고 보온성이 뛰어나 '섬유의 보석'이라고 불린다. 그중에서도 중국 내몽골산이 최상급으로 꼽힌다.
캐시미어는 상당히 고가품이라서 가짜도 많고, 다른 섬유와 혼용하기도 해서 육안으로는 구분하기 어렵다. 울이나 실크, 앙고라 같은 천연섬유나 레이온, 나일론 같은 화학섬유와 섞어 '100% 캐시미어'로 속이고 판매하는 경우도 있다. 우리는 가장 믿을 수 있으며 세계 제일의 생산량을 자랑하는 내몽골 자치구의 공장과 협상해 캐시미어 스웨터를 생산하기 시작했다.

캐시미어 스웨터는 그전에도 조금씩 판매했지만 2003년 10월에 시작한 캠페인이 주목을 받자 매출이 오르기 시작했다. 백화점에서는 몇만 엔이나 하는 캐시미어 스웨터와 거의 같은 품질의 제품을 유니클로에서는 1만 엔도 안 되는 가격에 살 수 있었기 때문이다.
유니클로가 상품으로 내놓는 이상, 더 좋은 옷을 더 많은 사람이 구입할 수 있도록 저렴하게 판매해야 한다.
이러한 기조로 '일상에서 즐기는 캐시미어'라는 이미지로 판매한 결과 유니클로 상품 중에서도 꽤 고가품이었지만 많은 고객들이 구입해 주었다.

캐시미어 캠페인이 시작되기 한 달 전인 9월에는 소재 전략부서를 신설했다. '유니클로만이 할 수 있는 일'을 실현하고자 전 세계의 소재 메이커와 협력해서 상품 개발의 기초인 소재부터 철저히 개발하기로 한 것이다.
캐시미어 스웨터처럼 최고급 품질의 제품을 상상을 뛰어넘는 저렴한 가격으로 제공하고, 상식을 깨부수는 참신한 소재를 개발하는 것이 이 부서의 미션이었다.

어설픈 성공은 때로는 실패가 된다

시어리는 앤드루 로젠이 1997년 뉴욕에서 선보인 컨템퍼러리 패션 브랜드다. 고급 스트레치 소재에 도회적이고 스타일리시한 디자인의 옷을 취급한다. 미국에서는 30대 이상의 폭넓은 연령층에게, 일본에서는 20대 후반에서 30대 여성에게 인기가 있다. 특히 일하는 여성들로부터 열렬한 지지를 받고 있다. 일본에서는 사사키 지카라가 설립한 회사, 현 링크 시어리 홀딩스(이하 일본 시어리)가 1999년 5월부터 시어리 브랜드를 운영하고 있었다.

일본 의류소매업계의 시장 규모는 10조 엔으로 추정되고 있다. 2002~2003년 패스트 리테일링의 매출은 3000억 엔에서 4000억 엔 정도였다. 결국 우리는 업계 전체의 3%나 4%밖에 개척하지 못한 셈이었다. 캐주얼 의류 외에

정장 시장도 알아야 한다고 생각하던 참에 사사키 사장을 만나게 되었다.

시어리는 성장 가능성이 상당히 높은 브랜드다.
글로벌화의 거점인 뉴욕에서 출발한 만큼 우리 회사가 출자해서 그룹의 자회사로 만들면 사업 확장의 가능성도 크다고 판단했다. 하지만 그보다 큰 문제가 있었다.
일본이 시어리 브랜드를 소유한 미국 시어리에 로열티를 지불하는 입장이라는 점이었다.
마침 우리 회사의 감사인 야스모토 다카하루 씨가 일본 시어리의 감사도 맡고 있어서 의논을 했더니 흥미로운 제안을 해주었다.
"시어리는 앞으로도 충분히 성장할 수 있는 회사예요. 하지만 최대 리스크인 라이선스 부분을 해결해야 해요. 아, 모회사와 관계를 역전시키는 방법도 있지 않을까요?"

우리는 사사키 사장에게 공동으로 미국 시어리를 인수하자고 제안했다. 나와 사사키 사장이 만날 때는 야스모토 씨도 몇 번이나 자리를 함께해 주었다.
사사키 사장을 비롯해 일본 시어리에서도 이미 비슷한

생각을 했던 모양이다. 우리의 제안을 바로 받아들여 같이 앤드루 로젠을 설득하려고 나섰다.
인수 과정은 만만치 않았다. 앤드루 로젠뿐 아니라 다른 공동 창립자와도 좀처럼 합의를 이루지 못해 협상을 거듭해야 했다.

결과적으로 2003년 9월 일본 시어리와 우리 회사는 미국 시어리를 공동으로 인수하게 되었다. 2004년에는 미국 시어리의 모회사가 된 일본 시어리에 출자해서 관계회사로 만들었다. 일본 시어리는 2004년 8월 결산에서 매출 251억 엔, 경상이익 23억 엔을 올렸고 2005년 6월에 도쿄증권거래소의 마더스 시장에 상장되었다. 2005년 8월 결산기에는 매출 356억 엔, 경상이익 46억 엔을 기록하며 순조롭게 실적을 올리고 있다.

원래 시어리는 여성복 전문이었지만 이후 남성복도 추가되어 'PLS+T(프라스테)', '시어리 럭스'를 비롯해 '헬무트랭' 브랜드를 일본, 미국, 유럽, 아시아에 선보이고 있다.

또 2005년 11월에는 독일의 의류 브랜드 '로즈너'를 운영하는 회사의 모든 주식을 매입했다. 유럽에서 사업 기반을 확립하기 위한 인수 작업이었다. 하지만 매입을 검토할 당시와 달리 인수한 뒤부터 실적이 악화되었다. 원가절감이나 구조조정과 같은 방법으로 사업 재생을 꾀했지만 별로 효과가 없었다. 결국 2008년 12월에 해당 주식을 모두 팔아치웠고 주식양도로 인해 17억 엔 정도의 손해가 났다. 한마디로 사업 실패였다.

시어리의 성공으로 우쭐하지 말라는 하늘의 경고였을까? 실패는 성공의 어머니라고 하지만 이 경우는 어설픈 성공 경험이 실패의 원인이 되었는지도 모른다.

M&A를 결코 만만하게 봐서는 안 된다. 투자를 쉽게 생각했다가는 처음 계획한 범위 안에서 끝나지 않고 추가로 자본을 투입하게 된다. 패스트 리테일링의 M&A 사업이 총체적 난국에 처한 것도 그 때문인지 모른다. '남의 언행을 보고 자신의 버릇을 고쳐라'라는 옛 어른들의 말이 틀리지 않았다.

일본 시어리의 2008년 8월 결산기 매출은 599억 엔, 경상이익은 4억 엔이었다.
하지만 같은 해 9월 이후 미국발 금융위기로 촉발된 세계적인 경기 악화로 개인 소비가 침체되자 사업이 힘들어졌다. 결산기 중에 매출과 이익 모두 예측을 하향 조정했고 경영 기반뿐 아니라 재무 면에서도 점점 더 어려워졌다.

그래서 우리 회사의 글로벌 브랜드 사업 중 핵심인 시어리 사업을 성장시키고자 일본 시어리를 100% 자회사화했다.
또 더욱 견실한 협력체제를 구축하기 위해 2009년 1월 29일부터 3월 12일까지 공개매입을 시행했다.
그 결과 3월 19일 자로 일본 시어리 그룹은 우리 회사의 연결 자회사가 되었고, 같은 해 7월에 도쿄증권거래소의 마더스 시장에서 상장 폐지되었다.

남을 돕기 위한 투자는 잘 풀리기 어렵다

일본 시어리에 이어 2004년 2월에는 여성복 브랜드 '내셔널 스탠더드'를 운영하는 내셔널 스탠더드의 제3자 할당 증자를 인수해서 자회사화했다.

그 과정은 이렇다. 미쓰비시 상사의 섬유 본부장으로 일하던 다나카 히로시가 우리 회사에 전무로 들어온 지 얼마 안 되었을 때였다. 그는 전 직장 동료였던 디자이너가 만든 브랜드를 도와주면 우리 회사에도 이득이 될 거라고 말했다. 그 브랜드가 바로 내셔널 스탠더드였고, 와카바야시 케이지라는 젊고 유능한 디자이너가 사장을 맡고 있었다. 그러나 경영과 디자인을 병행하기란 어려운 일이다. 내셔널 스탠더드는 경영관리와 자금조달조차 제대로 이뤄지지 않아 적자인 상태였다.

우리 회사 임원을 내셔널 스탠더드의 대표이사로 임명해서 경영 개혁을 시도했다. 하지만 2005년 11월 결산기에 매출액은 8억 엔, 경상이익은 마이너스 9000만 엔으로 손실이 나버렸다. 워낙 규모가 작아서 모회사 차원에서 지원하려고 해도 개선될 전망이 보이지 않았다. 결국 사업을 지속하는 것은 무리라고 판단하고 2006년 3월에 전면 철수한 뒤 8월에 청산했다. 역시 남을 돕기 위한 투자는 잘되지 않는 법이다. 우리 회사의 여성복 라인을 강화할 때 조금이나마 도움이 될까 싶어서 투자했지만 완전한 실패였다.

유니클로는
저가 정책을 그만두겠습니다

2004년 9월 27일 전국에 발행되는 신문광고에 '유니클로는 저가 정책을 그만두겠습니다'라고 선언했다. 꽤 평판이 좋았던 광고여서 헤드카피에 이은 설명도 일부 소개하고자 한다. 조금 길지만 전달하고 싶은 내용이 잘 요약되어 있으므로 읽어주기 바란다.

"유니클로는 지금까지 계속 더 좋은 품질의 캐주얼을 시장 최저가격으로 제공하기 위해 노력해 왔습니다. 이것은 앞으로도 변하지 않을 우리의 기본자세입니다. 하지만 싼 가격 때문에 일부 고객에게 '유니클로는 싸구려'라는 오해를 안겼는지도 모릅니다. 우리는 앞으로 더 좋은 품질을 추구하고 누구나 가치를 느낄 수 있는 옷을 만들어가려고 합니다. 우리는 싼 가격만이 장점이 되는 상품은 결코 만들지 않겠습니다. 유니클로는 기능과 착용감, 감촉을 철저히 검토하고 전 세계에서 찾아낸 최고급 소재를 사용해서 우수한 기술을 지닌 스태프의 손으로 좋은 품질의 캐주얼 만들기에 힘써왔습니다. 세계 최고급 품질을 자랑하는 내몽골산의 캐시미어, NASA를 위해 개발된 온도 조절 신소재인 아웃라스트를 사용한 후리스, 최상의 감촉을 위해 이탈리아에서 직조한 메리노 울, 세계적인 평가를 받는 일본 빈고 지역의 옷감을 사용한 데님까지 모두 우리가 세계에 자랑할 만한 상품이라고 자부하고 있습니다. 지금까지 유니클로는 제품의 기획과 개발, 생산관리, 유통에서 판매까지 모든 것을 우리 책임 아래 실행하고 다양한 비용을 억제하면서 판매 가격을 낮추어 왔습니다. 이 모든 시스템은 물론 우리의 소중한 재산입니다. 그러므로 '저가 정책을 그만둔다'고 해도 가격을 낮추려는 노력은 앞으로도 계속될 것입니다. 무엇보다 품질이 먼저입니다. 그다음이 가격입니다. 우리는 모든 사람이 입을 수 있는 캐주얼을, 다양한 사람이 만족할 수 있는 '좋은' 가격으로 제공하겠습니다."

유니클로가 앞으로 나아갈 방향에 대한 굳은 결의를 나타내는 광고였는데 사내에서는 대부분 반대했다.

나와 카피라이터만 찬성하는 웃지 못할 상황이 벌어졌다.
사람들이 반대하는 데는 몇 가지 이유가 있었다.

- '앞으로 출시하는 상품은 모두 비싼 가격으로 판다고 오해할 수 있다.'
- '지금까지 저렴한 가격이 매력으로 작용했는데 그 장점을 굳이 버려야 하는가.'
- '이런 선언은 어디까지나 우리 회사의 입장이므로 소비자에게 거만하게 보이지 않겠는가.'

걱정하는 바도 이해는 되지만 이런 비판은 우리가 전하려는 내용의 본질에서 벗어나 있다.
유니클로 제품이 잘 팔려도 그 이유가 '싸기 때문'이라면 회사의 장래성은 없는 것이나 마찬가지다.
유니클로는 품질이 뛰어나고 좋은 상품을 팔고 있다.
예를 들면 세계 최상급 내몽골산 캐시미어를 사용한 캐시미어 스웨터, 마찬가지로 세계 최상급 폴란드 다운을 사용한 다운재킷, 이탈리아산 메리노 울, 세계 총 생산량 중 3%밖에 나오지 않는 최고급면인 초장면 티셔츠 등이다. 그런데 정작 고객들은 적당한 제품을 싼 가격으로 살 수 있는 브랜드라고 유니클로를 오해하고 있었다. 그건 아니라고 생각했다.

이런 인식은 상당히 위험하다. 그래서 고객들에게 '좋은 상품이니까 구입해 달라'고 사실을 제대로 설명한 것이다. 그저 가격에 비해 좋은 상품이 아니라 '절대적으로 좋은 상품을 팔겠다'고 선언한 것이다. 이 정도로 분명하고 단순한 말이 아니면 진심은 전달되지 않는다. 다소의 오해는 각오한 바였다.

우리는 글로벌 진출을 목표로 하고 있다. 가격으로만 승부를 본다면 결국 해외의 할인매장과 싸우게 된다. 회사로 말하자면 월마트나 타깃과 싸워야 하고, 상품으로 치면 500엔짜리 티셔츠나 그보다 싼 상품과 경쟁해야 한다. 그렇다면 승패는 불 보듯 뻔하다.
게다가 싼 가격에만 집중하다 보면 좋은 상품이 많이 팔리는 데서 오는 기쁨을 느낄 수 없다. 싸기만 하면 된다면 우리가 직접 상품을 만들 이유가 없다. 좋은 물건을 우리 손으로 만들어 팔고 그 제품을 손님들이 기쁘게 사주기에 신나게 일할 수 있는 것이다.

R&D센터가 개발한 스키니진

2004년 12월에는 뉴욕에 상품 개발을 위한 R&D센터를 설립했다. 전 세계에서 최고로 우수한 디자이너와 패턴 개발자를 기용해 질적으로나 양적으로나 세계 최고 수준의 제품을 만들고자 노력했다. 또 매장의 입지와 면적, 국가별 고객에게 맞춘 유니클로의 신상품을 개발해 나갔다. 유니클로가 글로벌 브랜드로 성장하기 위해서는 반드시 필요한 작업이었다. 또 대형점으로 전환하기 위해서는 대량으로 팔릴 수 있는 더 매력적인 상품의 종류를 늘려야 했다.

그 후 뉴욕의 R&D센터를 중심으로 도쿄, 파리, 밀라노에 센터를 확충했다. '글로벌 상품 개발 체제'가 본격적으로 가동하기 시작한 것은 2005년 가을부터다. 일본의 유니클로 점포는 물론이고 해외 매장, 그룹 각사,

거래처에서 세계적 트렌드와 고객의 니즈, 라이프 스타일, 소재와 같은 최신 정보를 모으고 그 데이터를 바탕으로 크리에이티브 디렉터, 각 상품 사업부, 마케팅 부서의 전 직원이 모여 시즌마다 컨셉을 정했다. 이 결과에 따라 각 거점에서 디자인하고 각국의 시장에 맞추어 상품을 편집해 나갔다.

이 R&D센터에서 개발된 상품이 매장에 진열된 것은 2006년 가을부터다. 대표 상품은 스키니진이었고 상당히 잘 팔렸다. R&D센터가 경쟁사보다 한발 앞서 새로운 컨셉을 만들어낸 결과였다.
참고로 스키니진은 성공했지만 다음 주자인 와이드진은 실패로 끝났다. 스키니가 유행했으니 다음은 와이드 차례라고 기대했지만 전혀 인기를 끌지 못했다. 매우 아쉬운 일이다.

최악이었던
2005년 중간 결산

2004년 가을·겨울 시즌에는 품질과 소재에 공을 들인 상품을 다수 출시했다.
우선 NASA가 우주복 제작을 위해 개발한 온도 조절 신소재인 아웃라스트를 사용한 후리스를 발매했다.
신형 후리스라는 점에서 기대했지만 별로 팔리지 않았다.
아웃라스트는 표면 온도가 일정 수치를 넘어가면 냉각되고, 내려가면 보온이 되는 소재로, 미국 기업이 개발한 성분을 섬유에 넣으면 체온 조절이 가능하다.
우리 회사 담당자가 그 정보를 입수하고 미국의 개발사까지 직접 찾아가 거래를 성공시켰다.

완성품을 입었을 때 나는 체온 조절 기능을 크게 실감할 수 없었다. 하지만 과학적인 실험을 통해 증명되었고 데이터도 입수되었다고 해서 반대하지 못했다.

직원 몇 명이 만원 전철을 타고 체온 조절 기능이 있는지 직접 실험해 보았는데 결과는 반반이었다.

고객의 눈높이는 당연히 엄격하다. 떠들썩하게 광고해 놓고 실제 효과가 기대에 못 미치면 사주지 않는다. 소재의 감촉이 뻣뻣했던 것도 팔리지 않은 원인 중 하나가 아니었을까 생각한다.

그 무렵 출시한 제품 중에 지금까지 잘 팔리는 것은 프리미엄 다운재킷으로, 세계 최상급의 다운을 사용한 제품이다.

그리고 히트텍 플러스의 속옷 역시 인기 제품으로, 2007년 가을·겨울 시즌 이후 대박이 난 히트텍의 원형과 같은 상품이다. 2004년부터 잘 팔렸지만 그 후에도 매년 개량을 거듭했다. 앞서 말했던 아웃라스트와 달리 광고에 소개한 대로 고객들이 실제로 따뜻한 효과를 느낄 수 있었던 것이다.

앞서 설명한 내몽골산 캐시미어 스웨터도 당시 기대했던

상품이다. 전년보다 생산량을 두 배나 늘려 출시했는데 9월의 늦더위와 12월까지 이어진 따뜻한 날씨 때문에 실패했다. 예상만큼 팔리지 않아 결국에는 가격을 인하해서 판매해야 했다.

우리 회사는 SPA이므로 제조 위탁회사에서 만든 상품을 전량 인수하기 때문에 재고가 소진될 때까지 상품을 팔아야 한다. 이는 SPA 브랜드 기업의 피할 수 없는 숙명이다.
처음 책정한 가격으로 상품이 다 팔리면 이익이지만 가격을 인하해서 판매하면 그만큼 수익이 낮아진다. 할인은 기간 한정이나 판매가 변경으로 시행하는데 시기를 잘못 택하면 수익에 큰 영향을 미친다.

우리 회사는 매년 2월 말에 중간 결산을 한다. 2005년 중간 결산에서 매출은 전기 대비 10.4% 증가했지만 매출 총이익률은 2.9% 떨어졌다. 경상이익률도 3.5% 감소했다. 매출은 늘었으나 이익은 떨어진 것이다. 전체적으로 실적 회복의 징조가 보였는데 방심한 것이 큰 실수였다. 그야말로 '최악'의 결산이었다.

실적이 나쁘면 경기나 날씨를 탓하고 싶겠지만 그럼에도 경영자라면 어떻게든 수익을 올려야 한다. 상품의 출시나 가격 인하의 시기 등 상황에 제대로 대응하면 실적을 올릴 수 있고 또 그렇게 해야만 한다. 어느 업계든 마찬가지일 것이다.

여러 가지 현상을 제대로 파악하고 매주, 또 매일 확실한 대책을 세워야 한다. 그렇게 하면 실적은 회복되기 마련이다. 반면, 적확한 대책을 마련하지 못하면 실적은 점점 나빠진다. 팔리지 않으면 팔릴 수 있도록 판촉 활동을 하거나 인하 판매를 통해 처분하면 된다. 생산 계획도 바로 수정해야 한다. 소매업은 재고와의 싸움이다. 혹은 생산 계획과의 싸움이라고 할 수 있다.

반드시 필요한 신발 사업

2005년 3월에 신발소매업 회사 '원존'을 100% 자회사화했다. '풋파크', '사산' 같은 브랜드로 전국에 330개 점포를 운영하는 신발업계 4위의 기업이었다. 2000년 12월 20일에 761억 엔의 채무를 안고 기업회생을 신청한 구두의 마루토미가 원존의 모체였다. 우리 회사가 원존을 자회사화한 시점에는 회생 절차가 진행되고 있었다.

신발은 의류와 가장 밀접한 사업이며 패션의 일부다. 나는 '패션을 완성시킨다'는 의미에서 우리 회사가 신발 사업만큼은 꼭 해야 한다고 생각했다.

원존을 자회사로 만든 다음 손익 구조개혁에 착수했지만 좀처럼 적자에서 벗어나지 못했다. 한편 2006년 10월에는 여성화 전문점인 '뷰컴퍼니'에 출자해서 2008년 3월에 자회사화했다. 원존과 뷰컴퍼니와 더불어 2006년 3월에 설립한 저가격 캐주얼 브랜드 GU까지 세 회사를 통합해서 2008년 9월에 GOV 리테일링을 설립했다. 이듬해인 2009년 8월 결산기를 제2의 창업기로 삼고 개혁을 단행했다.

유럽의 성장기업을 찾아라

글로벌 진출을 위해 자본 참가(다른 기업의 주식을 취득하여 그 기업의 경영에 참여하는 일)했을 당시 '시어리'는 미국과 일본을 중심으로 빠르게 성장하던 기업이었다. 나아가 유럽에서 성장하는 기업을 손에 넣을 수 있다면 금상첨화였다.
예를 들어 유럽과 미국, 일본에서 각각 300억 엔 정도의 매출을 올린다면 회사 전체로 봤을 때 1000억 엔의 매출을 올리는 셈이다.

시어리처럼 성장할 만한 브랜드를 유럽에서 찾고 있을 때 우연히 프랑스의 '콩투아 데 코토니에'를 알게 되었다. 당시 급성장하던 캐주얼 브랜드로 고수익을 올리는 알짜 기업이었다.
사내의 M&A 담당 부서가 상세히 조사해 이사회에서 논의한 다음 매수를 결정했다. 이때만큼은 사내에서도 별다른 반대 의견이 없었다. 2005년 5월의 일이었다.

콩투아 데 코토니에는 프랑스를 중심으로 205개 매장을 운영하고 있었다. 교외 도로변 매장이나 갤러리 라파예트 프랭탕 같은 고급 백화점 매장에서 활발히 사업을 펼치면서 스페인, 벨기에, 독일에도 진출했다. 매 시즌 프랑스 전국에서 '엄마와 딸' 모델을 선발해 패션쇼를 열어 화제가 되곤 했다.

2005년 9월, 일본에서 사업을 전개할 때를 대비해 콩투아 데 코토니에 재팬을 설립했다.
이 회사는 '엄마와 딸이 같은 옷을 입는다'라는 브랜드 테마를 실현하기 위해 2006년부터 1년에 두 번, 일본에서 일반인 모녀 모델을 모집하고 있다.
2009년 5월 9일과 10일에는 어머니의 날을 기념해서 모델 오디션을 열었는데 이틀간 1474쌍의 모녀가 응모해 주었다. 유니클로와는 대조적인 조용한 홍보 활동이 서서히 결실을 보고 있는 듯했다.

자기혁신

여러분의 노력 덕분에 유니클로의 매출이 드디어 회복세를 보이고 있습니다. 또 영국과 중국의 매장도 흑자로 전환되면서 성장의 실마리를 찾았습니다.
에프알은 매일 악전고투하며 길을 모색하고 있습니다.
작년에 자본 참가한 시어리는 일본과 미국 양국에서 큰 인기를 끌고 있습니다.

올해는 유니클로 1호점이 문을 연 지 만 20년이 되는 해입니다.
저도 이제 55세가 되었습니다. 과거를 돌아보지 않는 성격이지만, 지난 30년 동안 연 매출 1억 엔에서 3000억 엔이 된 과정과 시골 양복점에서 지금의 유니클로로 성장하기까지 그 세월을 돌아보니 나 자신은 물론 우리 회사가 정말 잘 변화해 왔다는 생각이 듭니다.
그래서 올해의 포부는 '자기혁신'으로 삼았습니다.
우리 회사의 경영 이념 제20조는 '자기 자신을 가장 많이 비판하는 사람이 되어, 자신의 행동과 자세를 개혁하는 자기혁신적인 경영'입니다.

우리는 유니클로의 유행 덕분에 잠시 대성공을 거두었고 그 반동으로 힘들었습니다.

2년 동안의 대성공과 3년간의 정체, 그리고 깊은 나락을 경험했습니다. 지금에서야 비로소 희미하게나마 빛줄기가 보이며 나락에서 벗어나고 있습니다.

사업이 성공하는 비결은 사회의 커다란 흐름을 알아차리고 그 흐름에 맞추어 자기 자신을 바꾸는 능력에 있습니다.

변화할 수 있는 기업만이 살아남습니다. 기업은 경영하는 사람의 의지로 바꿀 수 있습니다.

세상의 변화와 시장은 폭력적입니다.

개인의 형편이나 회사의 사정은 봐주지 않습니다. 폭력적인 시장 속에서 기업은 한순간도 안정적으로 경영될 수 없습니다.

지금 가장 시급한 과제는 매출 3000억 엔의 벽을 돌파하는 것입니다.

그리고 우리 회사의 미래 목표는 2010년까지 1조 엔의 매출을 올리는 것입니다.

제게는 그 여정이 눈앞에 선하게 떠오릅니다.

2010년 결산 때까지 우리의 계획과 전략은 다음과 같습니다.

2004년 8월 결산 매출액 3300억 엔

2005년 8월 결산 매출액 4500억 엔

2006년 8월 결산 매출액 5000억 엔

2007년 8월 결산 매출액 6000억 엔

2008년 8월 결산 매출액 7000억 엔

2009년 8월 결산 매출액 8000억 엔

2010년 8월 결산 매출액 1조 엔

전 세계 관련 업종을 활용해 사업을 다각화해 나가겠습니다.

작년에 시어리에 자본 참가했던 것처럼 올해도 세계의 관련 업종에 본격적으로 뛰어들겠습니다. 마침내 때가 왔습니다. 자본 제휴와 합병 사업도 적극적으로 도전하겠습니다.

산업구조와 사회구조의 변화를 역동적으로 활용하겠습니다.

비로소 일본 기업이 글로벌 시장에서 활약할 수 있는 시대를 맞이했습니다.

의욕이 넘치는 기업에 지금처럼 좋은 시대는 없습니다.
FTA에 대한 논의가 활발해졌고, 2005년부터 미국과 유럽에서 섬유 수입쿼터제가 폐지됩니다. 또 일본은 고령화가 급속도로 진행되어 캐주얼 의류업계의 주 고객이 청년층에서 장년층으로 바뀌어갑니다. 이런 변화 속에서 유니클로는 비교 불가능한 경쟁력을 지닌 상품으로 고객에게 '역시 유니클로!'라고 평가받을 수 있는 기업으로 성장하겠습니다.

우리는 마켓인, 즉 고객이 원하는 상품을 개발하는 일과 프로덕트아웃, 즉 기술혁신을 통해 우수한 제품을 생산하는 일 모두 강화하겠습니다.
현재 일본은 수요보다 공급이 압도적으로 많은 공급 과잉의 시장입니다.
시장에 들어가 고객의 수요가 어디에 있는지, 또 그 수요를 얼마나 빠르고 적확하게 파악하는지가 무엇보다 중요합니다. 대부분의 수요는 잠재되어 있습니다.
시장에서 자신감을 가지고 경쟁력 있는 상품을 개발해 고객의 잠재 수요를 끌어내는 기업만이 살아남습니다. 그런 기업이 시장에서 압도적인 지위를 차지하게 됩니다.
우리는 기술과 서비스를 한층 더 발전시키고, 고객이 진정으로 기뻐할 수 있는 상품에 도전해야 합니다. 그래야만 살아남을 수 있습니다.
비교 불가의 경쟁력을 지닌 상품을 대량으로 개발할 수 있는 능력, 그것에 우리의 미래가 달려 있습니다.
그 능력이 해외 시장에서 경쟁할 수 있는 힘의 원천입니다.
해외 시장은 진정한 부가가치를 기업이 시장에 제공하고, 고객이 가치를 알아주는 기업만이 살아남을 수 있는 세계입니다.

유니클로는 일본에서 압도적인 인지도를 자랑합니다.
아쉽게도 호감도는 인지도만큼 높지 않습니다. 경쟁이 심해지면 브랜드에 대한 호감도를 대폭 올려야 합니다.
올해는 우리의 기업 이념을 세상 사람들에게 다시 한번 알리기 위해 노력하겠습니다. 그 결과 유니클로에 본질적인 호감을 갖도록 애쓰겠습니다.
창업자의 시대에서 전문경영자가 이끄는 팀경영의 시대가 되어 기업 지배구조가 더욱 중요해졌습니다. 모든 이해관계자에게 신뢰받는 공정하고 투명한 경영을 해나가겠습니다.
사회적인 책임을 자각하고 높은 윤리의식을 지닌 더 좋은 기업으로 만들어가겠습니다.

직원 프랜차이즈 제도도 본격적으로 진행해서 모든 점장을 스스로 판단하고 책임지며 일할 수 있는 독립자존(獨立自尊)의 경영자로 키워내겠습니다.
매장의 모든 직원이 지적 노동자가 되어 효율적으로 일하고 많은 보수를 받도록 만들겠습니다. 또한 매일 자신을 연마하여 고객에게 최고의 서비스를 제공하는 경영자로 성장시키겠습니다.
서포트센터 역시 우수한 전문경영자와 서비스 정신이 넘치는 프로들의 집단으로 키우겠습니다.
우리 패스트 리테일링은 일본 최고의 서비스 기업이 되어 국경과 업태의 경계를 허물어나가겠습니다.
그리고 궁극적으로는 세계 제일의 캐주얼 의류 기업을 만들겠습니다.

2010년까지 우리 회사를 성장시킬 인재를 육성하고 상품을 개발하는 것이 최우선 과제입니다. 11월부터 전 직원의 의식개혁과 자기혁신을 시작했습니다. 나아가 임원을 중심으로 인재육성위원회를 구성해 경영 간부의 조기 발굴과 육성에 착수했습니다.
또 H학원을 중심으로 지도자의 자질과 품성을 키우는 시도도 이제 막 시작했습니다.
올해는 빠른 시기에 외부 전문가의 도움을 받아 인사제도를 대폭 개선해 나가겠습니다. 전 직원이 개인의 명확한 목표를 지니고, 사람과 회사, 일에 대해 진심으로 헌신하는 기업으로 만들어 나가겠습니다.

저는 우리 회사의 젊은 경영관리자들에게 대단히 만족하고 있습니다. 매우 우수하고 열심히 일하며 나아가는 방향성도 정말 옳다고 생각합니다. 품성 역시 뛰어납니다.

다만 인간으로서, 특히 상사로서 아쉬운 점이 있습니다.
자신을 상사로 자각하고 부하 직원을 육성하려는 책임감, 인간의 마음에 대한 감수성, 상대를 향한 배려를 더 키워야 합니다.
부하 직원이 '이 상사와 함께 일하면 즐겁다', '이 상사와 일하면 내가 성장한다'고 생각할 수 있는 상사, 부디 직원 전원이 그런 상사가 되어주기를 바랍니다.
'사람과 사람이 기분 좋게 함께 일하자'는 감각은 정말 중요합니다. '이 사람과 함께 일하고 싶은가?' 혹은 '이 사람의 부하 직원으로 있고 싶은가?'라는 질문에 긍정할 수 있는 신뢰 관계가 필요합니다.

특히 우수한 사람은 더더욱 겸손해져야 합니다. 젊어서 책임 있는 일을 맡을 수 있다는 점에 더욱 감사해야 합니다. 젊다는 것은 강점인 동시에 약점이라는 사실을 명심해 주기 바랍니다.

생각하는 방식만 바꿔서는 소용이 없습니다. 자세와 행동도 함께 바꿔야 합니다.
특히 임원과 집행임원, 부장, 팀의 리더 여러분에게 부디 부탁드립니다.
올해도 다 같이 힘내서 일해봅시다!

"좋은 기업은 급속도로 성장하고
계속해서 높은 수익을 올리는 것이
당연하다고 생각한다."

2장

제2의 창업과 악전고투

지금은 세계 각국의 경제가 복잡하게 뒤얽혀

서로 영향을 주고받으며 다이내믹하게 변하는 시대다.

신속하게 변화하며 대담하게 대응하지 않으면

어느 회사든 망할 수 있다.

이럴 때는 현장의 재량만으로 회사 전체를 바꾸기는 어렵다.

경영자가 확실하고 장기적인 시야를 가지고

'이쪽으로 가자!'면서 명확한 방향성을 제시해야 한다.

또한 더 구체적으로 업무를 지시해야 한다.

'이건 틀렸다. 내가 직접 보여줄 테니 보고 배워라!'는 태도로

경영자가 직접 나서지 않으면 회사는 바뀌지 않는다.

왜 다시 사장이 되려고 했는가

2005년 9월에 내가 사장으로 복귀하자 여러 언론매체가 관심을 가지고 취재하러 왔다. 인터뷰에서 나는 '이번 사장 복귀는 긴급조치'라고 설명했다.
사장 일은 벌써 20년이나 해왔던 터라 얼마나 고생스럽고 힘든지 잘 알고 있다. '긴급'이라고 말한 이유는 다시 사장이 되기는 했지만, 이렇게 계속 일하는 건 쉽지 않을 거라고 생각했기 때문이다.

나는 왜 다시 사장으로 복귀했을까. 가장 큰 이유는 경영진이 자신들의 경영 수준에 만족하는 모습이 보였기 때문이다. 이대로 가면 회사가 성장하지 못할까 봐 걱정스러웠다.
회사를 성장시키려면 절대 현재에 만족하면 안 된다. 지금 상태를 부정하고 계속 바꾸어나가야 한다.

우선 경영자와 간부부터 변해야 한다. 그러지 않으면 회사는 바뀌지 않는다.

나 또한 사장으로 복귀할 때 유니클로를 글로벌 기업으로 만들려면 경영 공부를 처음부터 다시 해야겠다고 마음먹었다. 당초 계획은 나는 일본에서, 부사장 도마에는 미국에서, 다마쓰카는 유럽에서 각자 사장을 맡아 패스트 리테일링을 글로벌 기업으로 키워나갈 생각이었다. 결과적으로 다마쓰카가 퇴사하는 바람에 계획대로 되지는 않았다.

경영자를 키우기는 어렵다

사와다에 이어 다마쓰카까지 잇달아 퇴사하자,
젊은 사람을 경영자로 키워내기가 얼마나 어려운지
실감했다.
일정 수준까지는 잘 성장하지만 결국 경영자로
자립하기는 쉽지 않았다. 또 객관적인 시각으로 올바른
판단을 내리거나 회사의 장래를 내다보는 큰 그림을
구체적으로 그리지 못했다. 다들 어느 정도 위치에 오르면
변화나 혁신보다 안정을 바라게 되었다.
경영자를 내 손으로 키울 수 없다면 완성된 인물을
영입해야겠다고 생각했다. 내게 인재를 키울 능력이 없는
것일 수도 있지만 솔직히 시간도 아까웠다.

2005년 11월에는 유니클로 사업을 다시 강화하고 신규
사업을 확대하고자 지주회사인 패스트 리테일링과

사업회사인 유니클로를 분리했다. 이어서 패스트 리테일링 산하에 유니클로의 국내외 자회사와 원존, 콩투아 데 코토니에와 같은 의류사업회사를 자회사로 두는 형태로 만들었다.
동시에 위임형 집행임원제도를 마련해 패스트 리테일링의 경영자와 각 사업회사의 경영자를 선임했다. 그중 일부는 내부에서 승진시켰지만, '이미 완성된' 외부 전문가도 몇 명 채용했다. 중도에 채용된 집행임원은 3년 반 동안 열 명까지 늘어났다. 유감스럽게도 지금은 대부분 퇴사했다. 개인마다 퇴사 사유가 다르므로 이유를 딱 잘라 말할 수는 없지만, 아무래도 조직과 융화되기 쉽지 않았던 모양이다. 직원부터 중간 관리직까지는 현장에서 유기적으로 업무를 수행하면서 반석처럼 단단한 관계를 맺는다. 하지만 그들 위에 경영자로 임명된 집행임원은 조직에 적응하지 못한 것이다.

초반에는 위임형 집행임원제도가 제대로 기능하도록 내가 현장에 직접 지시를 내리는 일을 삼갔다. 대신 1년 동안 임원이 수행할 업무 범위와 내용, 수치를 작성한 목표 관리 시트를 계약서 대신 사용하기로 합의했다.
임원의 전문성을 살리고 책임감과 업무 집행의 속도를

높여 이점을 살리려고 했지만 잘되지 않았다. 시간이 지나면서 모든 부문이 성장하기는커녕 후퇴하고 있다는 느낌마저 들어서 불안해졌다.

그래서 사장으로 복귀해 다시 한번 모든 현장을 빠짐없이 돌아보기로 결심했다. 생산 부문부터 시작해서 MD, R&D, 마케팅, 경영관리 부문, 영업 부문까지 모든 현장을 하나씩 샅샅이 살폈다.
현장을 찾아 담당자와 이야기해 보면 상황을 금세 파악할 수 있다. 회사는 몸집만 커졌을 뿐 각 부문마다 제멋대로 나뉘어서 일하고 있었다. 이래서는 그야말로 '회사 놀이'에 불과했다.
부하 직원은 상사에게 보고하기 위해 일하고 상사는 여기저기서 올리는 보고만 승인할 뿐 제대로 된 일을 하지 않았다. 전부 탁상공론이었다. 고객과 마주하는 '현장'에서 해야 할 '현실'의 업무가 아니었다. 이건 우리 회사 스타일이 아니었다. 이전과 전혀 달랐다. 다른 조직에서 아무리 높은 자리에 올랐더라도 일단 우리 회사에 들어왔으면 자기 손으로 자신의 일을 해야 한다. 그러지 않으면 부하 직원이나 주변이 아무도 따라주지 않을 것이다.

샐러리맨 사회의 폐해

지금 일본 사회는 폐색감, 즉 사방이 꽉 막힌 듯 답답하고 뭘 해도 안 된다는 무력감에 시달리고 있다. 나는 오늘날 일본이 이 모양 이 꼴이 된 가장 큰 원인은 국민 누구도 미래에 대한 희망을 품지 못하기 때문이라고 생각한다. 사회가 고령화된 영향도 있지만 최근 물질적인 것을 지나치게 중시하는 경향이 두드러진 탓도 있다고 본다. 안타깝게도 이는 일본인의 품격이 떨어졌음을 의미한다.

선진국 중에서도 특히 일본 사람들은 물질적인 것을 추구하는 경향이 심하다. 우리 스스로는 옛날과 다름없이 정신적인 것을 소중히 여긴다고 생각할지 모른다. 하지만 요즘 대중의 모습을 보면 정신적인 것을 소홀히 하는 것 같아서 안타깝다. 지금처럼 힘들고 복잡한 시대일수록 정신적인 것이 더 중요하기 때문이다.

다시 말해 희망을 소중히 여겨야 한다.
그렇게 생각을 바꾸지 않으면 미래에 대한 희망을 품고 살아갈 수 없다.
회사를 경영하는 입장에서 말하면, 경영자가 회사의 경영 이념과 비전을 명확히 제시하고 리더십을 발휘하면 모든 직원이 도덕과 윤리의식을 가지고 같은 방향을 바라보며 나아갈 것이다.

전후 일본은 부흥와 고도성장기를 거치면서 창업하는 사람이 늘었다. 그리고 대기업과 중소기업의 이중구조 시대가 오랜 세월 이어졌다. 그 후 많은 사람이 직장을 다니는 샐러리맨 사회가 되며 다시 자영업자가 줄고 중소상점도 급속도로 줄어들었다. 지금은 중소기업까지 감소되어 남아 있는 기업의 경영자들도 피폐해지고 있다. 이대로라면 적자 회사의 비율이 점점 더 늘어날 것이다.

또한 샐러리맨 사회가 되며 자기 소신대로 일하는 사람보다 지시 없이는 움직이지 않는 사람이 더 늘어났다. 그러면 안 된다.
비즈니스 세계에서는 누군가의 지시만 기다리며 월급을

받아서는 안 된다. 회사 전체가 위기에 처하면 자신이 어떻게 해야 할지 주체적으로 생각해서 행동해야 하기 때문이다. 아니면 망해가는 회사와 같이 자신도 망하는 수밖에 없다. 모두가 다 그런 것은 아니지만 그런 경향을 보이는 직원이 늘어난 것도 사실이다.

월급쟁이가 아니라 스스로 생각하고 행동하는 자율적이고 자립적인 직원, 즉 제대로 된 경영자를 키우지 않으면 회사는 성장할 수 없다.

몸집만 큰 어른 아이들

그렇다면 지시만 기다리는 월급쟁이식 사고가 만연해진 근본 원인은 어디에 있을까. 그 시작점은 가정에 있다. 가정에서 아이를 제대로 가르치지 않은 것이다.

아이를 어른처럼 취급하는 것부터가 잘못이다. 원래 아이는 도덕과 규칙을 모른다. 사회의 규칙과 예절, 생활 지식 등을 배우지 않으면 어른이 될 수 없다. 그런데 요즘은 최소한의 규칙도 배우지 않은 아이들을 그냥 어른으로 취급해 버린다. 이른바 학습 부담을 줄이려다가 학력만 떨어뜨린 '유도리 교육'(2002년부터 2011년까지 일본에서 시행된 교육 개혁 정책으로, 수업 시간을 축소하고 수업 내용을 개편하여 과도한 입시 경쟁과 학업 스트레스를 완화하고자 했다 – 옮긴이 주)의 폐해일지도 모른다.

그렇게 자란 사람은 남에게 의존하던 습성 때문에 자신을 통제하거나 인내하는 일에 익숙하지 않다.
인간은 절대 혼자 살아갈 수 없다. 일하거나 생활하면서 남과 어울리게 된다. 그때 공동생활에서 지켜야 하는 최소한의 규칙은 부모가 가장 먼저, 그다음은 초등학교 교사가 가르쳐야 한다. 그 과정을 건너뛴 탓에 몸은 어른이지만 정신은 여전히 어린애인 사람이 많아진 듯하다.

또 한 가지는 '도련님과 아가씨 예찬론'이 유행한 탓이다. 도련님과 아가씨는 스스로 노력하기 싫어하고 부모에게 기대거나 남에게 도움을 청하면 늘 누군가가 자신을 도와준다고 믿는다. 이런 태도는 '물질 숭배'와 통하는 면이 있다.
일본은 어느새 그런 세상이 되고 말았다.
정신적 충만보다 물질적 풍요를 더 선호하게 되었다.
그렇게 표면적인 화려함만 추구하다 보니 겉모습이 가장 중요해졌다. 너무나 안타까운 현실이다.

전쟁을 모르는 세대의 위험

전쟁을 직접 경험한 사람이 줄어든 것도 정신적인 가치를
중시하지 않게 된 요인 중 하나다.
나도 전쟁을 직접 겪지는 않았지만 어릴 때만 해도
주변에서 전쟁의 비참함을 느낄 수 있었다.
내가 살던 역 앞의 상점가는 공습으로 전부 불타버린
뒤 암시장이 들어섰다가 발전한 곳이다. 일본의 다른
상점가도 비슷하겠지만, 야마구치현 우베시의 탄광촌에
있던 상점가에는 거친 사람들이 특히 많았다.

내가 태어난 1949년은 종전 이후였지만 여전히 전쟁의
그림자가 짙은 때였다. 아마 1950년대까지 그런 분위기가
이어졌을 것이다. 상이군인이 모금함을 목에 걸고
아코디언을 연주하거나 가족과 집을 잃은 사람들이
동네 여기저기를 떠돌아다녔다. 우베시는 한반도와

가까워서 전쟁이 끝난 뒤 고국인 한국으로 돌아가는 동급생도 있었다. 당시 탄광촌이 번성했던 탓에 거친 탄광 노동자들이 거리에서 날뛰며 매일같이 싸움을 벌였다. 때로는 조폭들끼리 권력 다툼도 일어났다. 상점가에는 소매치기도 많아서 어릴 때 심심해서 가게에 나가 있으면 사흘이 멀다 하고 점원이 도둑의 뒤를 쫓는 모습을 보곤 했었다. 전후는 그런 시절이었다.

내 부친은 전쟁 중에 꽤 오랫동안 만주에서 살았다. 아버지는 전쟁 때 일본군이 얼마나 나쁜 짓을 저질렀는지, 또 현지인들을 얼마나 폭력적으로 지배했는지 틈만 나면 내게 이야기해 주었다. 아버지는 원치 않았지만 상관의 명령에 절대복종해야 했다고 한다.
일본의 정치가는 세습하는 경우가 많은데 대부분 전쟁을 모르는 2세, 3세들이다. 그들 중에는 매파적이고 국수주의적인 생각을 지닌 사람도 많다. 전쟁의 비참함과 잔혹함을 전혀 알지 못하므로 겉으로는 용감한 말을 늘어놓아도 단순히 매파적인 사고만 할 뿐이다.
지금은 일본 한 나라만 생각하면 되는 시대가 아니다. 정치가들도 더 넓은 시야를 가지기 바란다.

일은 스스로 찾아서 하는 것이다

전쟁 후 10년이 지나 도련님이나 아가씨로 불리며 어리광을 피우던 세대가 자라 직장인이 되었다. 그 때문인지 상사의 명령이나 지시가 없으면 일을 하지 않고 가만히 앉아 기다리는 사람들이 늘어났다.

본래 일이란 스스로 찾아서 하는 것이다.
매장에서 고객에게 판매를 할 때나 회사 본부에서 일할 때도 마찬가지다. 자신이 할 일의 범위를 처음부터 한정하면 안 된다. 원래 일은 스스로 찾아서 해야 하는데, 주어진 일만 하는 것이 월급쟁이 혹은 회사원이라고 생각하는 사람이 많아졌다.
단순히 스스로 정한 범위 밖의 일은 하지 않겠다고 다짐하는 정도가 아니다. 일은 본래 스스로 찾아서 하는 것이라는 개념조차 그들에게는 없다. 해야 할

일과 하지 않아도 되는 일을 구별한 다음, 꼭 해야
하는 일만 처리하고 더는 일하지 않는다. 자기 역할은
여기까지라면서 멋대로 선을 긋고 그 밖의 일은 나 몰라라
하는 것이다. 일은 하면 할수록 새로운 것이다. 새로운
지평이 보이고, 새롭게 배울 점이 눈에 띈다.
또 일의 궁극적 목적인 '고객'을 위해 해야 하는 일은
언제나 산더미처럼 나오는 법이다.

상사의 업무는 명령하는 것뿐인가

가끔 부하 직원에게 명령을 내리고서 자신의 할 일을 모두 끝냈다고 생각하는 상사가 있다. 주로 신입에서 단숨에 점장으로 승진한 사람에게 많이 보이는 현상이다. 본부에서 일하는 사람도 마찬가지다. '이거 해놔!'라고 부하 직원에게 말하면 그걸로 끝이다.

하지만 그렇게 일하다 보면 부하 직원이 제대로 해내지 못하는 일이 발생하기 마련이다. 그런데 이런 상사는 보통 자기 일과 부하 직원의 일을 구분 지어서 부하 직원이 일을 잘 못하면 모두 그의 책임으로 돌린다. 슬프게도 자기가 책임지려는 상사는 거의 없다.

또 분석하고 계획하는 것으로 일을 다 끝냈다고 착각하는 사람들이 있다. 이런 사람들은 조직이 커질수록 그 수가 늘어난다. 특히 본부 직원 중에 이런 이들이 종종

보인다. 수치를 자세히 분석하는 것만으로 보람을 느끼고 만족하는 사람도 증가한다. 일을 위한 일, 그것도 본질과 상관없는 불필요한 업무만 늘리는 행동이다.

조직이 비대해지면 관료제를 낳는다

조직이 커지면 자연스럽게 계급이 생기면서 관료제도를 닮아간다. 한두 명으로는 업무가 돌아가지 않아 작게나마 조직의 모양새를 갖추면 이내 조직보존의 법칙이 작동한다. 누구든 조직 자체를 지키려 드는 것이다. 하지만 애초에 일이 있기에, 그 일을 달성하고 성과를 내려고 조직을 만들어 분업하는 것이다. 그런데 조직을 위해 일이 있다고 생각하니 수단과 목적이 뒤바뀐 꼴이다. 나는 조직보존의 극단적인 예가 관료제라고 생각한다. 조직도 환경 변화에 맞춰 유연하게 바뀌지 않으면 망하기 마련인데 한번 쌓아 올린 관료조직은 좀처럼 바뀌지 않기 때문이다.

그런 분위기에 젖어 있으면 지시를 내리는 상사나 관리직은 조직의 존재를 당연시하게 된다. 자신이 속한 조직을 지키려 드는 것이다.

경영자는 물론이고 모든 직원이 '조직이 먼저 있고 일이 있는 것이 아니다. 각각의 업무가 순조롭게 진행되기 위해 유기적으로 업무가 연결된 상태가 조직이다'라고 생각해야 한다. 모든 일은 고객을 위해 존재한다. 고객에게 도움이 되지 않는 일은 필요 없다.

어쩌면 우리 회사는 나쁜 대기업, 즉 규모만 크고 환경 변화에 대응하지 못하며 유연성이 떨어진 기업이 되어버린 게 아닐까? 직책만 많고 의사결정의 속도가 느려터진 조직이 되지는 않았을까? 혹은 전사적으로 무책임한 체제가 자리 잡고 있는 건 아닐까? 늘 의심하고 확인해야 한다.

일에는 반드시 책임이 뒤따르는데 이런 회사에서는 책임 소재가 분명하지 않다. 일의 과정은 남아 있는데 최종적으로 누가 책임을 지는지 알 수 없는 것이다. 최근 뉴스에 나온 비리 사건에 연루된 관료들이 그런 예다. 사회보험청을 비롯해 연금문제로 국민을 속이고도

형사 사건으로 넘어가지도 않고 붙잡히지도 않는다.

민간기업이라면 있을 수 없는 일이다.

성공의 복습은 의미가 없다

우리 회사 집행임원들은 대기업에서 부장이나 임원처럼 높은 지위에서 일하다가 이직한 경우가 많다.
그런 사람은 이전 직장에서 완성한 자기 나름의 업무 스타일이 있다. 그러나 일단 우리 회사에 입사하면 우리의 사고방식과 스타일에 맞추어 일해야 한다.

이전 직장에서 성공한 경험은 더 이상 도움이 안 된다는 사실을 깨달아야 한다. 과거의 성공을 잊지 못해서 그 스타일을 고집하는 경우가 많은데, 성공의 복습은 의미가 없다. 환경은 끊임없이 변하므로 같은 방법으로는 성공할 수 없기 때문이다. 또 전 직장에서는 지시와 명령만 내리며 일해왔더라도, 우리 회사에서는 그럴 수 없다.
우리는 늘 새로운 일에 쉬지 않고 도전하므로 무엇을 해야 할지 스스로 생각하고 직접 실행해야 한다. 부하 직원에게 지시하고 명령한다고 해도 계속 새로운 일을 맡게 되니 아무도 완벽하게 내 일을 대신해 줄 수 없다. 집행임원 스스로가 마지막까지 책임을 지고 직접 손발을 움직여 실무를 수행할 필요가 있다.

예를 들어 대기업에서 생산관리를 하던 사람이 우리 회사로 이직해 왔다고 하자. 그가 생각하는 '생산관리 업무'와 우리 회사의 '생산관리 업무'는 완전히 다르므로 전과 같이 일하면 잘 풀리지 않을 것이다. 정해진 방식이 따로 있는 것이 아니라 담당자와 함께 현장의 문제점을 찾아내고 상황을 정리하면서 해결하고, 담당 부문의 목표를 달성해 가야 한다. 우리 회사의 업무 스타일 자체가 여느 회사와 다를 것이다. '로마에 가면 로마법을 따르라'는 이야기다.

다른 조직에서 이직해 온 사람, 특히 대기업에서 온 사람들이 많이 보이는 특징이 있다. 회사 전체를 생각하지 않고 전에 하던 대로 자기 분야만 우선하며 일한다는 것이다. 그 결과 그들은 자기 분야에서도 제대로 성과를 내지 못한다. 또 자신의 일은 지시만 내리는 것이지 직접 하는 게 아니라고 생각하는 사람, 또는 책상 위에서 전략만 짜면 된다고 생각하는 사람도 있다. 경영의 실무는 경영자와 담당자가 함께 수행하는 것이므로 경영자 자신도 주체자다. 방관자로 있으며 경영을 하는 건 사실상 불가능하다.

자신의 전문 분야만 생각하며 일해서는 안 된다. 각 부문의 벽을 넘어 서로에게 어떤 영향을 끼칠지를 예측하고 조정하면서 일해야 한다. 자신의 부서에 여유가 있으면 바쁜 부서를 도와줘야 하는데 아무도 그렇게 생각하지 않는다. 어느새 자기만의 성을 쌓고 수비에 들어간다. 이렇게 되면 '회사'가 아니다. 회사는 평범한 사람들이 같이 일함으로써 각자의 능력을 몇 배나 더 키우는 곳이다. 개인은 이룰 수 없는 위대한 일을 이루어내는 장소다. 그것을 가로막는 벽이나 성은 방해만 될 뿐이다.

예를 들어 경영관리 부문은 경리, 재무, 인사, 총무, 법무, 홍보, IR(투자가 대상 홍보), CSR(기업의 사회적 책임), 사업 시스템과 같은 전문 분야의 업무가 많다. 또 MD, 생산, R&D, 마케팅, 영업 부문을 지원하는 조직이라서 수동적인 업무 혹은 감독하는 업무를 담당한다고 생각하는 사람이 많다. 하지만 이런 생각은 틀렸다. 경영관리 부문이야말로 능동적이고 공격적으로 타 부문을 움직일 필요가 있다. 조금이라도 '이상하다'고 생각하면 수정하도록 현장에 지시를 내려야 한다. 그러지 않으면 제대로 관리가 되지 않는다.

일본 기업의 최대 약점은 경영자

일본 회사에서는 보통 지위가 올라갈수록 일을 안 한다. 기껏해야 과장급까지만 일을 하고 부장 이상의 상사는 대부분 보고만 받는다. 제일 위에 있는 경영자 역시 마찬가지다. 경영자가 경영을 하지 않는 꼴이다.

회사를 어떤 방향으로 이끌어갈 것인지, 5년, 10년 후에는 어떤 회사로 만들고 싶은지 등 회사 전체에 영향을 미치는 판단이라면 경영자가 결정하고 책임져야 하는데 그렇게 하지 않는 것이다. 매일매일 A나 B 아니면 C를 선택해서 사업의 진행을 감독해야 하는데 부하 직원이 다 해주고 자신은 일하지 않는다. 아니면 임원 회의에서 다수결로 정한 다음 '다 같이 건너면 두렵지 않다'며 다수의 의견을 따른다. 이런 식이면 회사도 경영자도 절대 성장할 수 없다.

경영자가 미덥지 못해도 현장만 제대로 일해주면 회사는 그런대로 굴러갈 수 있다. 단, 이처럼 열심히 일하는 현장은 회사의 강점인 동시에 약점이기도 하다.

지금은 세계 각국의 경제가 복잡하게 뒤얽혀 서로 영향을 주고받으며 다이내믹하게 변하는 시대다.
신속하게 변화하며 대담하게 대응하지 않으면 어느 회사든 망할 수 있다. 이럴 때는 현장의 재량만으로 회사 전체를 바꾸기는 어렵다. 경영자가 확실하고 장기적인 시야를 가지고 '이쪽으로 가자!'면서 명확한 방향성을 제시해야 한다. 또한 더 구체적으로 업무를 지시해야 한다. '이건 틀렸다. 내가 직접 보여줄 테니 보고 배워라!'는 태도로 경영자가 직접 나서지 않으면 회사는 바뀌지 않는다.

조직의 가장 높은 곳에서 지시만 내리고 문제가 생기면 아랫사람에게 책임을 떠안기는 경영자. 이런 경영자는 개별 업무의 목적이나 본질을 모르므로 지시나 명령도 요점을 벗어난 경우가 많다. 지시를 받은 부하 직원은 기가 막힐 따름이다. 판단력이 떨어지니 실무에서 직원을 움직여 제대로 성과를 내지 못하는 경영자도 많을 것이다. 회사가 지금 어느 방향으로 나아가야 할지를 판단하고 실행하는 것이 경영자의 임무다. 경영 참모라기보다 경영자 그 자체라고 할 수 있는 우리 회사의 집행임원도 행동에 나서야 할 시점에 결단하지 못하고 되레 시야를 좁혀 자신의 전문 분야인 재무나 법률 쪽으로만 눈을 돌린다. 순서가 잘못된 것이다. 이래서는 상식적이고 교과서적인 판단밖에 할 수 없다. 보통 이상의 성장도 기대할 수 없다.

여성복 라인을 강화하라

2006년 4월에는 여성복 전문점 체인을 운영하는 '캐빈'의 주식을 30% 정도 취득했다. 패스트 리테일링은 여성복 라인을 강화하기 위해 이 회사와 포괄적 업무제휴를 통해 자본 관계를 맺었다.
캐빈은 자사에서 감각적인 여성복을 직접 제작하여 판매하는 전문점 체인이다. 일본 여성복 SPA 브랜드의 선구자 격인 회사로 1970년대부터 급성장했다. 산하에 다양한 브랜드가 있으며 2006년 5월 말 기준 전국에 202개의 매장을 두었다. 이 무렵 잠시 실적이 저조해서 2005년 2월 결산 매출액은 201억 엔이었고, 경상이익은 5억 엔의 적자였다.

캐빈의 경영자와 간부들과 이야기를 나누고 현장에 들어가 조사해 보니, 우리 회사에서 경영자를 보내는 것만으로는 개혁이 어려울 듯했다. 자본까지 포함해 전면적으로 경영에 참여해야 한다고 판단해서 2006년 8월, 이 회사의 주식을 공개 매수해 과반수를 확보하게 되었다. 다음 해 2007년 12월에는 캐빈을 100% 자회사로 만들었고 도쿄증권거래소에서는 상장 폐지시켰다. 그때까지 브랜드의 축소와 정리를 포함해 다양한 조치를 내렸다.

현재는 우리 회사의 집행임원 나카시마 데쓰로가 이 회사의 사장으로 취임해 유니클로의 노하우를 살려 회사를 활성화하려고 애쓰고 있다. 또 국내 여성복 SPA 브랜드 중 최고가 되기 위해 직원 모두가 힘을 합쳐 매일같이 분투 중이다.

다시 처음부터 시작한다

나는 사장으로 복귀한 뒤 회사의 모든 현장을 다시 한번 돌아보기로 했다. 가장 먼저 찾아간 곳은 생산부였다. 우리 회사는 소매업자지만 동시에 제조업자이기도 하다. 당시는 생산량이 폭증해서 위탁생산하는 공장도 늘어나 회사와 공장이 합심해서 일해야 할 때였다. 그런데 본질을 살펴보니 서로 파트너라기보다 단순히 구매자와 공급자에 불과했다. 문제가 심각했다.

생산부 담당자와 이야기해 보니 아무래도 공장에 대한 신뢰를 잃은 듯했다. 마찬가지로 공장 측도 우리 회사를 믿지 못할 수도 있겠다 싶었다. 생산부 담당자가 공장에 가서 실제로 어떻게 생산되는지 확인하고 관리를 해야 하는데, 외부업자에게 일을 맡겨둔 경우도 있었다. 또 어떤 공장과는 좋은 의미에서 대립해 가며 협조해야 하는데 양쪽이 너무 익숙해진 탓에 문제를 깨닫지 못하고 있었다. 본래 진정한 신뢰 관계는 엄격함이 뒷받침되어야 가능한 법이다.
다시 한번 모든 공장의 경영자를 직접 만나 앞으로 2~3년간의 생산 계획과 목표, 방향성을 설명하고 협력을 요청하며 손을 맞잡아야 한다고 느꼈다.

'이름만 SPA'라면 회사의 미래는 없다. 모든 생산 공정을 직접 관리할 수 없다면 SPA 브랜드로 있을 이유가 없었다. 처음부터 끝까지 우리 손으로 운영해야 한다.
공장의 운영자금이 부족하면 상사(商社)에 '몇 % 이율로 자금을 융통해 달라'고 부탁하고, 품질검사가 필요하면 검사업체에 '한 장에 이 가격으로 검사해 달라'고 의뢰해야 한다.

나는 대부분의 공장 경영자들과 만나 앞으로의 방침을 이야기하고 협력을 요청했다. 특히 주력 생산공장과는 앞으로 몇 년 동안 어떤 방식으로 어느 정도의 거래량을 어떤 시스템에서 운영하고 싶은지 설명하고 이해를 구했다.

처음 거래를 시작했을 때는 분명 서로 파트너로 인식하는 인간적 관계가 단단했을 것이다. 시간이 흐르면서 관계가 느슨해진 것이다. 아니면 거래량이 늘어나 우리 회사의 영향력이 커진 것을 깨닫지 못하고 알게 모르게 우리가 거만하게 굴었을 수도 있다.

직원이 몇만 명이나 되는 대규모 공장의 전체 생산량 절반을 우리 회사가 발주하고 있는 경우도 많다. 연간 수천만 장의 상품을 만들어야 하니 거래액도 상당하다. 따라서 생산량의 증감 변화가 너무 심하거나 발주 자체를 갑자기 취소하면 공장에는 사활이 걸린 문제가 된다.
그 점을 진지하게 고려하지 않고 우리 사정만 강요하거나 '이 셔츠는 안 팔리니까 생산 중지하라'거나 갑자기 '이 스웨터가 인기 있으니 처음 발주량의 두 배를 만들어 달라'고 말하면 어떻겠는가. 너무나 무책임한 행위이고 당연히 신뢰가 무너질 수밖에 없다. 동종업계의 못된 관례를 그대로 따라 하는 대기업병에 걸렸다는 증거였다. 서둘러 고쳐야 했다.
먼저 생산부를 개혁해서 파트너 공장의 신뢰를 회복해야 했다. 사전에 제대로 계획하고 서로 합의한 다음 3년마다 생산량을 늘리자는 전제하에 생산 능력의 어느 정도를 우리 회사와 계약할지 정하는 것이다. 사실 이것이 회사와 공장의 일반적이고 상식적인 관계다.
우리 회사가 성장하면 공장도 함께 성장한다고 생각해야 한다. 그래야 서로 납득하고 노력해서 더욱 좋은 상품을 만들어낼 수 있다.

MD 부문의 개선

생산 부문에 이어 MD 부문의 현장을 하나씩 개선해 나갔다. 문제점을 한마디로 정리하면 직원들이 해야 할 일을 진지하게 하고 있지 않다는 것이었다.
대부분의 직원은 정해진 업무를 성실히 수행하고 있었지만 그 정도로는 충분하지 않다. 훨씬 더 높은 수준이 필요하다. 지금 맡은 일에 목숨을 건다는 생각으로 문제점을 샅샅이 찾아내어 해결책을 마련하고 실행해야 한다.

나는 매주 화요일에 상품의 판매가를 변경하는 회의를 주최한다. 회의 초반에는 '이 상품은 왜 팔리지 않았나?', '왜 판매가를 변경해야 하나?', '다른 상품에 어떤 영향이 있는가?'와 같은 사항을 일일이 확인하고 지시했다.
상품 개발을 계획할 때도 일부 요소를 변경하면 다른

상품에 어떤 영향을 주는지 살펴야 했다. 매장에 진열할 때 남성용 제품과 여성용 제품의 균형을 고려해야 했고, 앞으로 회사가 더 성장하려면 여성용 제품을 더 늘릴 필요도 있었다.

개혁 초기에는 전 직원이 열심히 일하는데도 MD 부서는 내부 소통이 잘되지 않을뿐더러 업무상 밀접한 R&D센터나 생산부와도 제대로 의견 교환이 되지 않았다.

개혁 과정에서 MD 부서를 총괄해 온 집행임원 나카시마 데쓰로를 2007년 11월부터 캐빈의 사장으로 임명해 회사 전체의 개혁을 맡겼다. 전문 부서, 즉 제한된 작은 업무 범위의 리더보다는 회사 전반을 관리하는 자회사 사장으로서 그가 더 큰 능력을 발휘할 수 있다고 보았기 때문이다.

기업이 가격을 내릴 때

상품의 판매가는 어떻게 결정할까? 아니, 어떻게 결정되는 걸까?
기획 단계에서 과거 유사 제품의 판매가와 매출 동향을 참고하면서 잘 팔리겠다고 예상되는 가격, 예를 들면 1990엔이나 2990엔처럼 판매가를 정해둔다.
그 판매가로 몇 주 안에 상품이 다 팔리고 품절이 되면 좋겠지만 팔리지 않으면 다시 가격을 인하한다.
고객이 상품에 돈을 지불한다는 것은 상품과 돈을 교환한다는 뜻이다. 고객은 자신이 정한 가치에 상품이 미치지 않으면 사지 않는다. 여러 고객이 상품에 가격만큼의 가치가 없다고 생각한다면 가격을 인하해야 한다.

가격 인하의 방법은 두 가지다. 기간을 정해서 할인

판매하는 '기간 한정 할인'과 가격 자체를 인하하는 '판매가 변경'이다.
기간 한정 할인는 더 많은 고객에게 우리 상품을 소개하기 위한 일종의 유인책이다. 새로운 고객을 끌어오기 위해 '주말 한정 가격 인하'와 같은 방법을 사용한다. 1000엔짜리 상품을 주말에만 690엔에 파는 식이다. 고객이 우선 한 장을 사서 마음에 들면 다른 색을 두 장, 세 장 사고, 또 가족들에게도 권해주기를 바라는 의도도 있다.

전체 유니클로 매장 중 3분의 2가 교외 대로변에 있다. 쇼핑센터나 번화가 매장에는 고객들이 자연스럽게 찾아오지만 교외형 점포는 그렇지 않다.
우리가 전단지로 '이런 상품을 이런 가격으로 팔고 있습니다. 부디 이번 주 주말에 찾아와 주세요'라고 전하지 않으면 쉽사리 와주지 않는다. 기간 한정 할인은 어떤 의미에서는 고객이 매장을 찾아오게 만드는 '선물' 역할을 하는 셈이다.

판매 가격의 변경은 기간 한정 할인과는 전혀 다르다. 한마디로 잘 팔리지 않는 상품을 위한 판매촉진책이다.

예를 들면 어떤 상품을 30만 점 만들 때 3990엔의
판매가와 예정 판매 기간을 정한다. 그 기간이 지나도
다 팔리지 않을 것 같으면 2990엔으로 판매가를 낮춘다.
판매가 변경은 제품이 모두 팔릴 때까지,
즉 품절이 될 때까지 이어진다.
판매가 변경은 적절한 타이밍을 잡기가 상당히 어렵다.
빨리 실행하면 거둘 수 있는 이익이 줄어들지만 늦으면
재고가 쌓여서 이익이 안 날 수도 있다.

제품이 팔리지 않으면 매주 월요일마다 점장과 영업
부서로부터 '주말에 이 상품이 팔리지 않았으니 판매가를
변경해 달라'는 의뢰가 잇달아 올라온다. 그러면 MD나
상품계획 담당자와 회의를 열어 그 자리에서 '이 상품의
판매가를 변경하자'고 제안해서 하나씩 의논하고
정해나간다.
내가 '내리는 편이 좋겠다'고 해도 담당 MD가
'시기적으로 우연히 안 팔린 것이니 조금 더 상황을
지켜보자'며 반대 의견을 내기도 한다. MD로서는 자신이
만든 좋은 상품이 팔리지 않을 리가 없다고 생각할 테니
당연한 반응이다. 어떤 때에는 점장이 '잘 팔리는데 왜

내리느냐', '이익률이 떨어지니 이 판매가로 조금 더 팔게 해달라'고 말하는 경우도 있다.

숫자는 냉정하다. 거짓말을 하지 않는다.
판매가를 변경하기 위해 회의에 올린 상품은 그 이후에도 대부분 팔리지 않는다. 최종적으로 다 팔릴 때까지 판매가를 변경하게 된다.

실무 능력이 뛰어난 MD일수록 신속하게 판매가 변경을 처리하는 경향이 있다. 해당 상품으로 이익을 올리지 못하면 잘 팔리는 다른 상품을 추가하면 되기 때문이다.
판매가 변경과 추가 생산, 생산 중지에 대한 결정은 모두 매주 한 번씩 열리는 회의에서 이루어진다.

SPA의 강점은 '금맥' 발견

사람들은 흔히 SPA의 강점을 생산 비용 절감으로 인한 가격 경쟁력이라고 생각한다. 발주한 상품에 비용을 지불해야 하는 리스크는 있지만 대량으로 발주해서 매입하므로 생산 비용이 내려가고 판매가도 내릴 수 있다. 즉, 가격 경쟁력이 있는 것이다. 이는 일부는 맞지만 꽤 표면적이고 단편적인 이해라고 할 수 있다.
SPA는 'Specialty store retailer of Private label Apparel'의 약자다. 상품기획부터 판매까지 전 과정을 원 사이클로, 한 회사에서 모두 진행하기 때문에 그렇게 불린다.

우선 고객이 바라는 것, 즉 니즈가 어디에 있는지 직접 찾아나선다. 이런 상품을 이런 컨셉으로 만들면 대량으로 팔리겠다고 예측하고 상품을 기획해서 실제로 생산한다. 그리고 매장에서 판매하면서 고객의 반응을 본다.

반응에 따라 제대로 만들었는지 혹은 실패했는지를 판단하고, 결과가 좋지 않으면 생산을 중지하거나 다른 제품으로 교체한다.

어느 쪽이든 실제로 팔아볼 때까지는 결과를 알 수 없다. 하지만 SPA는 압도적으로 '잘 팔리는 상품'을 발견할 때까지 몇 번이고 제품 생산 사이클을 자사에서 직접 돌릴 수 있다. 실험, 즉 시행착오를 할 수 있다는 점이야말로 SPA의 진정한 강점이다.

1998년에 후리스가 폭발적으로 팔렸을 때도 그 몇 년 전부터 유행할 조짐이 있었다. 그 예측을 바탕으로 상품을 개량하고 또 개량해서 타사 상품에 비해 획기적으로 저렴한 가격인 1900엔에 팔 수 있는 방법을 고안한 것이다.

당시 후리스 제품은 일본 기업 도레이에서 원료를 구매하고 인도네시아에서 실을 짜서 중국에서 완성했다. 일반적으로 제조업자는 만들기만 하고 도매상은 상품을 소매업자에게 유통하며 소매업자는 판매만 한다.

기능적으로 분화되어 있다. 중요한 판매 동향의 정보도 가로막혀서 거의 공유되지 않는다. 그 상품의 판매 상황이 어떤지, 고객이 매장에서 어떤 반응을 보이는지, 말하자면 이 상품이 어느 정도 팔릴 것인지 그야말로 금맥과 같은 정보를 소매업자는 그냥 버리는 셈이다.

하지만 우리와 같은 SPA라면 그 정보를 활용할 수 있다. 그저 원가를 낮춰 돈을 버는 단순한 과정이 아닌 것이다.

우리 회사의 형편만 생각할 수는 없다

SPA는 상품을 기획해서 디자인과 패턴을 정한 다음 발주 수량을 결정한다. 소재를 구매하고 위탁 생산공장에 발주하여 전부 매입하는 것이 SPA의 원칙이다. 상품의 판매 동향을 보고 폭발적으로 팔리면 '증산', 반대로 판매 상황이 좋지 않으면 '감산'이나 '생산 중지'를 결정하여 조정한다. 이때 회사 형편만 생각하고 함부로 지시하면 공장의 신뢰를 잃게 되고, 결국 아무도 협력해 주지 않는다. 우월적인 지위를 남용하다가 손해배상의 대상이 될 수도 있다.

예를 들면 어느 봉제 공장이 연간 100만 장의 셔츠를 생산할 수 있는 라인을 세 개 가지고 있다고 하자. 그 공장의 연간 생산능력은 300만 장인 셈이다. 유니클로는 우선 연간 150만 장의 생산력을 확보한다.

그리고 발주 단계에서 '이 형태의 셔츠를 25만 장 주문하겠습니다', '이 시기에는 다른 셔츠를 30만 장 주문하겠습니다'라고 구체적으로 조율한다.
추가로 상품을 발주할 때는 소재 조달에 어려움이 없고 공장의 생산능력 범위 안의 일이라면 큰 문제 없이 진행된다. 하지만 생산을 중지하는 경우에는 '다음 시즌의 다른 상품을 만들어 달라'거나 '이미 사둔 소재는 이쪽 상품에 맞춰서 사용해 달라'고 부탁한다.
하지만 다른 상품의 발주도 어렵다면 '보상으로 이 정도의 금액을 지불하겠습니다' 하고 조정하는 경우도 있다.
사전에 모든 생산능력을 확보하지 않으면 생산 조정은 어려운 법이다.

제2의 창업

전국적으로 유니클로가 대유행한 후, 겨우 후폭풍에서 벗어나 정상적인 상황으로 돌아왔을 때 나는 '제2의 창업'을 선언했다. 다시 한번 1984년 유니클로 1호점이 오픈할 당시의 초심으로 돌아가자는 뜻이었다.
2005년 1월 1일, 전 직원에게 보낸 신년 메일의 주제는 '제2의 창업, 즉단, 즉결, 즉행'이었다.
당시 안정을 지향하는 분위기가 회사 내에 퍼지기 시작한 것을 보고 '이대로는 안 된다'는 위기감에 그해의 방침을 떠올리게 되었다. 인간은 안심하게 되면 의사결정이나 행동 속도가 떨어지기 마련이므로 그 점도 신경 쓰였다.

좋은 기업은 급속도로 성장하고 계속해서 높은 수익을 올리는 것이 당연하다고 생각한다. 따라서 좋은 기업의 조건으로 '즉단, 즉결, 즉행'을 제시했다. 직원들이 모든 문제를 자기 일처럼 통감하고 즉단, 즉결, 즉행하지 않으면 회사는 존속할 수 없다. 새로운 사업을 일으킬 때는 기업이 안정적으로 순항할 때보다 열 배 이상의 에너지가 필요하다. 특히 경영 간부는 창업할 때와 같은 열정을 품어주기를 바란다는 의미도 이 내용에 담았다.
나쁜 의미에서 대기업이란 의사결정이 늦고 환경에 대응하지 못한 채 허우적대는 덩치만 큰 기업이다. 그 상태에서 벗어나려면 창업 당시의 초심으로 돌아가 다시 한번 벤처 기업의 정신으로 새롭게 시작할 필요가 있다. 모든 것이 힘들고 어려웠던 창업 당시로 돌아가자는 뜻이다.

이는 곰곰이 생각해 보면 인간의 본성에 정면으로 반하는 요구다. 특히 일본인은 회사원이라는 안정된 신분을 원하므로 나의 요구에 강한 저항감이 들 것이다. 이처럼 직원들이 받아들이기 어려운 방침을 곧장 관철하기는 어려운 일이다. 몇 번이고 같은 이야기를 되풀이하면서 직원들을 설득할 필요가 있다.

전 직원이 힘을 모아야 글로벌화를 이룬다

앞으로 국내 유통만으로는 경쟁에서 살아남을 수 없다. 당연히 유니클로의 글로벌화가 필요하다. 유니클로뿐만 아니라 그룹 기업을 키워서 그룹 전체가 세계 시장을 차지해 나가야 한다.

'기업의 글로벌화'라고 하면 직원이 외국에 나가서 일하는 것뿐만 아니라, 외국의 인재가 국내로 들어와 일하는 것까지 포괄해야 한다. 해외에서도 일본에서처럼 자신의 능력을 발휘할 수 있어야 하고, 해외의 인재도 일본에 들어와서 바로 활약할 수 있어야 한다. 우리는 그런 회사를 만들 것이다.

재벤처화도 그랬지만 글로벌화 역시 단번에 이해하기는 쉽지 않을 것이다. 하지만 모든 직원이 이해하고 적극적으로 참여해 줘야 회사가 성장할 수 있다. 아니, 이해하기만 해서는 안 된다. 행동으로 보여줘야 한다.

관리만 하는 사장은 변화를 이끌 수 없다

2005년 11월부터 기업의 지배구조를 강화하기 위해 지주회사 체제로 이행하고, 위임형 집행임원제도를 도입했으며, 경영의 관리 감독 기능과 집행 기능을 분리했다.

내가 실수한 점은 경영의 관리 감독과 기업의 지배구조를 동일시한 것이다.
회사는 환경 변화에 따라 계속 바뀌어야 하는데, 사장이 위에서 경영 관리만 하면 회사는 바뀔 수 없다.
월요 회의와 집행임원 회의를 만들었지만, 이사회의 뒤를 잇는 의사결정과 집행 기관으로 제대로 기능하지는 못했다. 내가 위에서 확인만 하고 있으면 회사 전체를 움직이는 동력과 기계는 제대로 작동해 주지 않는다.
또 멀리서는 기계를 구성하는 부품이나 톱니바퀴

하나하나까지 신경 쓸 수가 없다. 결국은 내가 직접 기계 안으로 들어가 온몸이 기름투성이가 될 때까지 직원들과 함께 움직여야 한다.

그래서 나는 패스트 리테일링을 지주회사, 그것도 사업을 하지 않는 순수 지주회사로 만들어 내가 대표이사 회장 겸 사장을 맡았다. 동시에 핵심 사업회사인 유니클로의 대표이사 회장 겸 사장으로도 취임했다.
이는 단적으로 표현하면 '의사결정과 행동을 스스로 관리 감독하는' 구조다. 그룹 전체를 지배 감독하고, 집행을 관리하고, 업무의 집행까지도 스스로 해야 한다. 때로는 자신의 목을 스스로 졸라야 할 필요도 생길 것이다.
이사회의 사외임원들은 '이런 변칙적인 구조는 지속될 수 없다'고 지적했다. 백번 맞는 말이다.
몇 년 후에는 유니클로의 사장 자리를 후임에게 물려주어야 할 것이다. 하지만 지금도 그럴 인물을 찾지 못한 것이 현실이다(이후 2023년 쓰카고시 다이스케가 유니클로 사장으로 취임했다 – 옮긴이 주).

변명처럼 들리겠지만 이제부터 본격적으로 글로벌

진출을 해야 하고, 그룹 기업도 독립성을 강화해야 한다. 그러기 위해서는 핵심 기업인 유니클로를 근본부터 바꿔야 하므로 역시 내가 유니클로의 사장을 해야 한다고 생각했다. 그룹 전체의 DNA를 만들어내는 곳은 유니클로뿐인데 내가 경영 관리만 하고 있으면 아무것도 바꿀 수 없기 때문이다. 완전한 딜레마 상태였다.

지금 생각해 보면 우리처럼 성장 중인 기업이 순수 지주회사 체제를 갖추는 건 무리였는지도 모른다. 유니클로의 일부를 포함한 사업지주회사가 현실적인 방안일 수 있다. 앞서도 말했지만 유니클로의 어느 기능까지 패스트 리테일링에 포함시킬지 여전히 고민 중이다.

필요불가결한 사외이사

상장회사의 이사회에 사외이사가 참여해야 하느냐를 두고 필요 없다는 산업계와 필요하다는 정부 기관, 증권거래소, 기관투자자들의 대립이 떠들썩하게 이어지고 있다. 산업계에서는 사외이사를 영입해도 제대로 된 업무 지식이 없으니 제 역할을 할 수 없다고 생각한다. 현재 사외감사를 포함한 감사제도만으로 충분하다는 의견이다. 실제로 대기업인데도 사외이사를 두지 않는 기업이 꽤 있다.

한편 후자 그룹, 특히 외국인 투자가의 요구를 등에 업은 정부의 금융기관은 기업자 경영을 감시하기 위해 사외이사의 참여가 필요하다는 입장이다. 사내 출신만으로 이사회를 꾸려서 의사결정기관을 구성하는 것은 일반 주주와 잠재 주주를 무시하는 처사라는 것이다. 최근 조직

재편이나 비정상적인 비율의 제3자 할당 증자로 인해 소액주주의 이익이 침해되거나 이익이 상반되는 사례가 늘고 있다. 그런 경우에는 사외이사의 존재가 효과를 발휘할 것이다.

2009년 7월 현재, 패스트 리테일링에는 이사가 총 네 명으로 그중 세 명이 사외이사다. 감사는 총 다섯 명으로 그중 네 명이 사외이사다. 이사는 나를 제외한 전원이 외부 인사라서 '최고의 기업 지배구조'라고 신문에 언급된 적도 있다.

사외이사는 업무 지식이 없고 업무 집행도 맡길 수 없지만 기업 지배구조에 도움이 되는 것은 사실이다.

나는 경영주이면서 실제 경영에도 참여하고 있으므로 내 판단이나 행동을 객관적으로 볼 수 없다. 한편 사외이사는 경영주도 아니고 회사와 특별한 이해관계도 없으므로 객관적인 의견이나 반대 의견을 자유롭게 밝힐 수 있다. 회사는 그 의견을 받아 더 심도 있게 논의하고 최선의 결론에 도달하기도 한다. '외부에서 객관적으로 보면 틀렸다'거나, '그 방법보다 이 방법으로 해야 하지 않을까', '이런 거래는 일반적으로 용납될 수 없다'처럼 반대

의견과 객관적인 의견을 제시해 주니 도움이 된다.
우리 회사의 이사회에서는 늘 다양한 의견이 나온다.
격론도 벌어지지만 대부분의 안건에 전원이 찬성한다.
반대 의견이 나와서 2 대 2로 나뉘기는 해도 나를 제외한
전원이 반대하는 1 대 3의 경우는 없었다.
또 감사 다섯 명은 의결권은 없지만 각자 주관을 가지고
의견을 제시하며 논의에 적극적으로 참여해 주고 있다.

나처럼 생각이 떠오르면 바로 행동에 나서는 종류의
인간은 일반적으로 폭주할 때가 많다. 게다가 오너
경영자에 독재자형이니 그럴 가능성이 높다.
경영자는 폭주하고 있을 때 자신의 모습이 어떤지 제대로
보지 못한다. 올바른 판단을 내리고 최적의 행동을 하는
동안에는 괜찮지만 그렇지 않을 때는 누군가 나서서
견제해야 한다. 경영자가 폭주를 멈추도록 간언하고
충고하며 안정시킬 수 있는 것은 이사와 감사 같은
사외임원뿐이라고 생각한다.

외국계 기업으로 보이는 착각

유니클로를 일본 기업이 아니라 외국계 회사라고 생각하는 사람이 더러 있다. 그렇게 보일 수도 있겠지만 내실은 전혀 다르다. 한때 우리가 '유니클로는 일본의 새로운 회사입니다'라고 표명했듯이 완전히 새로운 방식으로 일하는 일본 회사라고 생각한다.

일본은 계급 차이가 없는 수평적 사회다.
반면 서구 사회는 옛날부터 계급 간 차이가 상당히 심했다. 그 점을 사람들은 오해하는 것 같다. 처음 만난 사이라도 친근하게 대하는 서양인을 보면 서구 사회가 수평적이라고 착각하기 쉽지만, 전혀 그렇지 않다.
서구 회사도 마찬가지다. 회사 내부의 인사 측면은 물론이고 외부와 교류하는 방식도 그렇다.
경영자는 경영자끼리, 부서장은 부서장끼리, 실무

담당자는 담당자끼리 소통한다.

사내 의사결정도 대부분 '톱다운(top-down)' 방식이며
경영자가 내린 지시와 명령은 절대적이다.
현장에서 의견이 나와 윗선의 지시와 명령이 바뀌는
'보텀업(bottom-up)'은 거의 없다. 경영자와 부서장, 실무
담당자가 모두 하나가 되어 업무 방침을 결정하는 일은
있을 수 없다.
서구 사회에는 상사가 무슨 생각을 하고 어떤 결정을
내릴지에 큰 신경을 쓰는 예스맨이 흔하다. 자신의 의견을
말하지 않는 사람들도 많다. 자칫 잘못하면 바로 잘리기
때문에 이는 당연한 일인지 모른다. 보스의 권한이 강한
것이 서양 회사의 특징이며 상사의 결정권은 절대적이다.
그 대신 책임은 모두 상사가 지는 것이 서구 회사의
일반적인 형태다. 이는 사회 전반에서도 마찬가지다.

반면 일본은 지시한 사람이나 책임 소재가 불분명한
상태로 일하는 회사가 많다. 일본 사회 전체도 비슷한
상황이라고 할 수 있다.
외국계 회사에서 이직해 온 사람 중에는 자신이 결정만

하는 계급에 속해 있다고 착각하는 경우가 있다.
본인은 그렇지 않다고 말하지만 부하 직원의 의견을 들을 생각도 하지 않고 그저 지시만 내린다. 회사의 업무는 다른 부서와 연계해서 이루어지는데도 다른 부서의 의견은 듣지 않는다. 외국계 회사에서 일하는 사람들은 무엇이든 자신이 결정하기보다 외국의 본사에서 늘 '이렇게 해라, 저렇게 해라' 하고 지시를 받은 대로 일하기 때문인지 모른다.

또 외국계 회사는 인간관계가 메마른 편이다.
대부분 소신과 관계없이 일한다. 애사심보다는 자신의 전문성에 자부심을 가지고 여러 외국계 기업을 전전하다가 그나마 능력을 발휘할 수 있는 곳에서 일할 뿐이다. 일본에는 애사심을 가지는 것을 넘어, 개인의 생활 속에 회사 일이 끼어들어 회사와 떼려야 뗄 수 없는 상태인 사람들이 많다.
그렇게 보면 우리 회사는 전형적인 일본 회사에 가깝다.
외국계 회사에 근무하다가 우리 회사에 오게 되면 '역시 일본 회사'라고 느낄 것이다.

사회를 바꾸는 기업

현대 사회에서 기업의 힘은 점점 더 커지고 있다.
세계적인 대기업은 국가보다 힘이 세다. 국경을 넘어 어느 나라에든 영향력을 미칠 수 있다. 정치가 제 기능을 다하지 못하므로 나라는 사회를 바꿀 수 없지만 오히려 기업이 사회를 바꾸는 경우가 있다.
기업이 사회를 바꾼다는 것은 그만큼 막대한 권력과 권한을 쥐고 있다는 말이다. 권력과 권한은 늘 책임을 동반한다. 동전의 양면과 같은 것이다. 기업뿐 아니라 인간도 마찬가지다. 권력과 권한을 쥔 사람은 책임감이 강한 사람이어야 한다.

기업은 법과 사회에 의해 인정받고 생명을 받은 존재다. 하물며 권력과 권한을 쥐려면 자신의 회사가 무엇을 위해 존재하고 어떻게 사회에 공헌해야 하는지 생각해야 한다.

사회에 도움이 되고 있는가? 이 점이 기업의 가치를 정한다.

반대로 고객의 입장에서는 사회에 도움이 되지 않는 회사의 물건은 사고 싶지 않다. 현대는 고도의 정보화 사회다. 회사의 겉모습뿐 아니라 내부 사정까지 전부 공개된다. 그렇기에 사회에 도움이 되지 않는 비즈니스를 하는 회사의 상품은 아무도 사주지 않을 것이다.
예를 들면 누군가와 함께 일을 하기 전에 우리는 그 선택이 옳을지 고민한다. 새롭게 외주를 의뢰할 때는 당연히 상대 회사의 제조 능력이나 생산 속도를 조사할 것이다. 제품을 구입하는 일도 마찬가지다. 고객은 상품을 사기 전에 회사와 브랜드를 검토해서 선택할 것이다.

어떤 회사라도 부정은 일어날 수 있다

사회적 책임을 완수하기 전에 '회사 내의 부정한 일'에 어떻게 대처할지 생각해 봐야 한다.
최근 회사의 부정이 발각되어 하룻밤 사이에 신용이고 뭐고 모든 것을 잃어버리는 사례가 끊이지 않고 있다.
'부정이 발각되어서'라기보다 '부정을 감추려 들다가'라는 표현이 더 정확하겠다.

회사의 직원이 몇만 명이나 되면 그중 몇몇은 많든 적든 부정을 저지른다. 우리 회사도 예외는 아니다.
다만 경영자가 그 사실을 감추려 들거나 '자신은 몰랐다', '관여하지 않았다'라며 발뺌하면 불신이 생길 수밖에 없다.
하물며 '우리 회사는 대기업이니 이 정도는 당연하다'라는 오만불손한 태도를 보이면 절대 안 된다.
부정이나 스캔들이 생겼을 때는 '우리 회사는 이번 사건을 중대한 문제로 인식하고 해결책을 마련한 뒤 앞으로 같은 일이 발생하지 않도록 예방책을 강구하겠다'라고 선언해야 한다. 그래야 신용 불안과 같은 위험한 상태에 빠지지 않을 것이다.

장애인 고용에 힘쓰다

어느 회사든 사회적 책임이 있고 사회에 공헌하는 것이 당연하기에 우리 회사도 무언가 사회에 보답할 수 있는 일이 없을까 여러 가지로 고민했다.
가장 먼저 시행한 것은 매장에 장애인을 고용하는 일이었다. 장애인의 법정 고용률은 1.8%지만 유니클로의 장애인 고용률은 2008년 6월 1일 시점으로 8.06%였다. 규정을 대폭 웃돌아 전국 대기업 중 최상위 수준이다. 현재 약 80%의 매장에 장애인 직원이 고용되어 있다.

원래 우리 회사도 장애인 고용률이 상당히 낮은 편이어서 법정 고용률에 미치지 못해 벌금을 내고 있었다.
그런데 오사카 매장에서 장애인을 고용했더니 직원들의 커뮤니케이션이 훨씬 원활하게 이루어지기 시작했다.
장애인 동료가 열심히 일하는 모습을 보고 다른 직원들도 그 사람을 돕고 배려하기 시작한 것이다. 직원들이 모두 젊었기 때문에 함께 일하는 사람을 배려하는 경험을 실제로는 처음 해본 것이었다. 그 결과 매장의 인력 운영 효율성은 다른 곳보다 오히려 더 좋아졌다.
장애인 고용의 장점과 효율성이 높다는 사실을 알게 된 후 2001년부터 '매장 한 곳당 한 명 이상'의 장애인을 고용하는 계획을 추진했다. 그 결과가 현재의 높은 고용률로 나타난 것이다. 2007년 6월에는 정부로부터 '재도전 지원 공로자 표창'을 수상하기도 했다.

장애인 고용으로 장애인과 비장애인이 함께 일하게 됐지만 실은 둘 사이에는 별 차이가 없다. 몸과 마음이 모두 건강해도 약점이 있고 능력이 떨어지는 비장애인도 있기 마련이다. 반대로 장애인도 특정 부분만 배려하면 문제없이 업무를 수행할 수 있다. 그러니 장애인과 비장애인이 한 팀으로 일하면서 일체감이 높아지고 매장의 효율성이 높아지는 것이다.

유니클로가 '매장 한 곳당 한 명 이상'의 장애인 고용에 힘을 쏟는 데는 또 다른 이유가 있다. 그 직원의 부모님이 너무나 기뻐해 주기 때문이다. 자신의 자녀가 유니클로 매장에서 지금까지 보여주지 않았던 활기찬 표정으로 일하는 모습을 보면 부모님은 얼마나 기쁘겠는가. 이런 광경을 보면서 나는 이것이야말로 진정한 사회공헌이 아닐까 싶었다.

사회에서는 장애인들만 따로 모여 일하도록 환경을 조성하는 경우가 많다. 그렇게 특정 제품을 만들거나 위탁받은 업무를 한다. 그것도 하나의 방법이다. 하지만 비장애인과 같은 직장에서 자기 능력을 발휘하는 것이 장애인이 자립하는 지름길이라고 생각한다. 유니클로에서는 장애인 직원의 업무를 한정하지 않는다. 매장 근무, 상품 정리, 창고 관리 등 무엇이든 직원의 능력에 맞는 일을 하도록 규정해 두었다. 비장애인 직원은 장애인 직원과 함께 일하는 상황을 정상이라고 생각해야 한다. 반면 장애인 직원도 장애라는 사정은 고려되지만, 그 외의 영역에서는 모두 비장애인과 동등한 처우를 받는다. 누구도, 아무것도, 누구에게도 눈치 볼 필요가 없다.

올리브 나무를 심는 기업

세토내해는 자연의 숲을 품은 섬들이 바다 위에 촘촘히 떠 있는 보기 드문 다도해로 일본의 보물과 같은 존재다. 이 세토내해의 섬 중 데시마에 다량의 산업 폐기물이 불법으로 투기되는 사건이 벌어졌다. 이 충격적인 사건은 지난 세기의 경제 성장이 낳은 부정적 유산이었다.

건축가 안도 다다오와 변호사 나카보 고헤이가 발기인이 되어 데시마를 비롯한 세토내해의 섬에 초록의 자연을 돌려주기 위해 올리브 나무를 심는 운동을 시작했다. 두 사람에게 도와달라는 부탁을 받고 2001년부터 유니클로 전 매장에 모금함을 두고 고객들에게 기부를 받았다. 그와 동시에 우리 회사는 고객의 모금액과 같은 액수의 매칭 기부를 시행해 왔다. 2008년 8월까지 1억 300만 엔의 모금이 모여 5만 7000그루의 나무를 심었고, 조성된 기금을 22개 단체에 전달했다.

그 외의 CSR(사회공헌) 활동으로는 '스페셜 올림픽 일본' 활동 지원, '유니클로 축구 키즈!' 지원, 긴급재해 시 의류 지원, 직원의 자원봉사 활동 보조, 전 상품의 리사이클 활동이 있다. 또한 거래처와 문제가 없는지 설문 조사를 실시하고 생산 파트너인 공장에 정기적인 노동환경조사를 진행하여 그 결과를 'CSR 리포트'로 매년 한 번씩 공개하고 있다.

상품의 리사이클은 원래 고객이 더 이상 입지 않는 후리스를 회수하는 것에서 시작했다. 2006년 9월부터 유니클로 매장에서 판매하는 모든 상품을 리사이클 대상으로 확대해서 매년 3월, 6월, 9월 3회에 걸쳐 유니클로 전 매장에서 상품을 회수한다.

2008년에는 전체 리사이클 제품 중 유엔난민기구를 통해 난민 캠프에 기증해서 재사용된 것이 93%를 차지했다. 그리고 2%는 섬유로, 나머지 5%는 연료로 재활용되었다. 이 전 상품 리사이클 활동으로 2008년 10월 제5회 아사히기업 시민상을 수상했다. 매우 영광스럽게 생각한다.

주 4일의 야근 없는 날

CSR 활동이라고 하면 보통 외부에서 대상을 찾지만 사실 사내 직원에게 눈을 돌리면 해야 할 일이 산더미처럼 많이 보인다.

유니클로는 2007년 4월부터 매장의 비정규직 직원을 대상으로 근무 지역을 한정해 정규직으로 전환하는 '지역한정 정규직 직원제도'를 도입했다. 지금까지 지방 전근이 꺼려져 정규직이 되지 못한 분들이 꼭 정규직 직원이 되어주기를 바라고 도입한 제도다.

2008년 말에 2000명 정도가 전국에서 지역 한정 직원으로 활약하고 있다.

또 '야근 없는 날'을 실시한 것도 CSR 활동의 하나다. 현재 도쿄 본부에서는 화요일부터 금요일까지 야근 없는 날을 시행하고 있다.

우리 회사는 원래 야마구치현 우베시에 있었다. 1998년에 야마구치시로 본사를 옮긴 다음 2000년 4월에 도쿄도 시부야구에 회사 조직의 중추인 도쿄 본부를 개설했다.

도쿄로 이사해 보면 누구나 실감하겠지만 지방과 달리 출퇴근에 너무 많은 시간이 걸린다. 그런데도 매일 늦게까지 일하는 사람이 상당히 많다. 아이가 어리거나 간병해야 할 가족이 있어서 저녁에 빨리 집에 돌아가야 하는 사람에게는 힘든 일이다. 가정이 무너질 위험도 있다. 할 일이 더 없는 사람이 회사에 어영부영 남아 있는 것도 큰 문제다.

아침 일찍 출근해서 밤 10시나 11시까지 집중해서 일하면 다음 날은 너무 피곤해서 제대로 일할 수 없다. 과거의 내 경험으로 말하면 하루 12시간 이상 일을 했더니 그다음 날에 도무지 집중할 수 없었다. 그런 생활을 몇 달, 몇 년 동안 계속하기는 어렵다. 만일 그런 사람이 있다면 업무에 제대로 집중하지 못하고 있을 것이다.

우리 회사에는 일을 좋아하는 사람이 많은 건지 아니면

일하는 척하는 한가한 사람이 많은 건지 알 수 없지만 밤늦게까지 일하는 직원들이 많다. 그들을 보면서 '이건 아니다. 이러면 효율성이 떨어진다'라고 생각했다. 그래서 저녁 7시가 되면 건물을 전부 소등하기로 했다. 강제 소등을 매주 수요일부터 시행하기 시작해서 하루씩 늘려나가 화요일부터 금요일까지는 7시에 등을 모두 끄기로 했다. 처음에는 내가 직접 돌아다니면서 불을 껐다. 2007년 3월부터는 주 4일을 야근 없는 날로 지정했다.

처음에는 다들 불평이 많았다. 하지만 업무는 마음만 먹으면 어떻게든 끝낼 수 있다. 아무리 바쁜 사람이라도 자기 업무를 자세히 들여다보면 깨닫는 바가 있을 것이다. 일과에는 쓸데없는 회의나 미팅, 대기 시간 등이 반드시 있다. 한마디로 다들 너무 유유자적 일하는 것이다. 더 빨리, 더 집중해서 일하고 끝나면 바로 귀가한다고 생각하면 충분히 가능한 일이다.

사실은 일찍 갈 수 있는데 상사가 있어서 퇴근할 수 없다는 사람도 있다. 그야말로 시간 낭비다. 상사가 앞장서서 업무를 효율적으로 처리하고 매일 일찍 돌아가야 한다.

나는 오후 5시가 넘으면 퇴근하지만 매일 아침 7시에는 출근하기 때문에 사실은 오후 3시 정도에는 집에 가고 싶다. 빨리 퇴근하면 다들 취미 생활을 즐기거나, 하고 싶은 공부를 하거나, 아이들을 돌볼 수 있다.
말은 이렇게 하지만 솔직히 나도 집에 가서 일할 때도 많다.
자영업자는 따로 정해진 업무 시간이 없고 언제 어디서든 일하는 것이 보통이다. 그 생각을 하면 회사에서 근무하는 직장인은 편하다고 할 수 있다. 근무 시간에 진지하게 업무에 집중해 주기 바란다.

이처럼 야근 없는 날이 정착한 것처럼 보이지만 방심하면 순식간에 원래대로 돌아와 버린다. 야근이 100% 없어지기는 어렵다. 하지만 야근 없는 날을 위한 시도는 계속될 것이다.

관리직 절반이 여성이 되는 날

나는 우리 회사가 수평적이며 연령과 성별, 국적과 관계없이 공정하게 인재를 평가하는 조직이라고 생각한다. 또한 누구나 언제든지 자신의 의견을 거침없이 발언할 수 있다고 믿는다.

겉으로는 이렇게 잘난 척하지만 2009년 7월 말 패스트 리테일링의 집행임원 중 외국인은 세 명, 여성은 단 한 명이었다. 글로벌 넘버원을 목표로 한다면 전체 관리직급 중 여성과 외국인이 절반은 차지해야 한다고 생각한다.

세상의 존경을 받는 기업이 되어야 우수한 인재가 모인다. 연령과 성별, 국적에 상관없이 인재들이 모여 일할 수 있는 환경을 만드는 것이 기업의 사회적 책임이다.
여기서 중요한 키워드가 '다이버시티', 즉 다양성이다.

일하는 방식의 다양성을 존중하도록 인사제도를 설계해야 한다.

특히 여성의 경우 지금까지 수많은 기업에서 눈에 보이지 않는 유리 천장에 부딪혀야 했다. 인사상의 불이익이나 결혼과 출산, 육아 활동의 어려움이 있었다.
기업은 그런 조건이 여성에게 불리하게 작용하지 않도록 주의해야 한다. 왜냐하면 그것은 '기간'의 문제이고 평생 지속되지는 않기 때문이다. 출산도 일시적인 일이고, 육아도 정말 바쁜 시기는 한시적이라 할 수 있다.
여성이 진심으로 경력을 쌓고 싶다면 불리한 점을 인지하되 그 점에 너무 매몰되면 안 된다.
이 문제를 개선하기 위해서는 회사에서, 특히 남성이 여성의 사정을 이해할 필요가 있다.

항상 어떤 문제를 해결하려고 하면 '제도부터 만들어야 한다'라고 주장하는 사람들이 있다. 하지만 제도를 마련하기 전에 축적된 사례와 구성원의 공감대가 필요하다. 여성이 정말 열심히 일한다는 것에 공감하고, 회사와 동료 그리고 상사가 그 여성을 배려하는 사례가 쌓인 다음 제도를 만들어야 한다.
주변에서 여성의 불리함을 이해하고 함께 해결책을 생각하면서 사례를 쌓아가야 하는 것이다.
예를 들면 결혼해서 일단 회사를 떠나더라도 다시 회사에 복귀할 수 있고, 육아가 어느 정도 마무리되면 업무를 다시 시작할 수 있고, 또 육아를 병행하면서도 점장으로 승진할 수 있는 사례를 축적해야 하는 것이다. 그런 다음 전체 회사에 적용되는 제도를 만들어야 한다.

일반적으로 소매업계에서는 점장끼리 결혼을 많이 한다. 우리 회사도 그런 경우가 많은데 그러면 대개 여성 점장 쪽이 퇴직한다. 그런데 신기하게도 여성 점장이 더 우수한 경우가 많아서 그 결혼은 회사에 손해가 된다.
상당히 유감스러운 일이며 여성의 능력이 아깝다는 생각이 든다.

2007년 12월, 우리 회사는 육아 및 간병 휴가제도를 개정하여 근로 환경을 정비했다. 또 여성 점장의 커리어 개발을 위한 '여성 점장 프로젝트'를 추진하고 있다.

여성 개개인의 사정을 고려하여 장기적인 관점에서 커리어를 구축하도록 지원하는 프로젝트다. 2009년 7월 기준 전체 매장의 20%에서 여성 점장이 활약하고 있다. 아직은 발전 과정에 있으므로 현재 상황의 점수는 30점 정도가 아닐까 싶다.

합격점이 되려면 어떻게 해야 할까? 우선 여성 직원 개개인이 자신이 바라는 점을 회사와 상사에게 확실히 전달해야 한다. 아무 말도 하지 않고 혼자 끙끙대는 사람이 있는가 하면, 반대로 '회사는 이렇게 생각해야 한다'거나 '이런 제도를 만들어야 한다'고 불가능한 점을 지나치게 비약하는 사람도 있다. 어느 쪽도 문제를 해결할 수 없다. 정확하고 분명하게, 또 현실에 발을 붙이고 의견을 개진해야 한다.

회사는 다양한 시행착오 속에서 애쓰고 있다.
예를 들어 가정과 일 중 하나를 택해야 하는 주말에는 어떻게 해야 할까. 주말은 매장이 한창 바쁠 때지만 가정에서 식구들과 소중한 시간을 보낼 수 있는 날이기도 하다. 이런 방법은 어떤가? 점장 2인 제도를 만들어

주말에는 점장끼리 조정해서 번갈아 쉬는 것이다.
혹은 처음부터 주말에는 근무하지 않는 점장 제도를 만들 수도 있다.

당차고 실력 있는 여성 점장이 서서히 늘고 있다.
선두에서 일하는 여성은 힘들겠지만 상당히 보람을 느끼며 즐기고 있는 것처럼 보인다.
결혼한 뒤에도 일과 가정을 양립하며 점장에서 슈퍼바이저나 지역을 관리하는 블록 리더로 나아가는 사람들도 속속 등장하고 있다. 하루빨리 관리직의 절반을 기혼 여성이 차지하는 회사가 되기를 기대한다.

즉단, 즉결, 즉행

올해 우리 회사의 표어는 '제2의 창업과 즉단, 즉결, 즉행'입니다. 1984년에 유니클로 1호점을 연 이래의 창업 선언입니다.
지금 우리 회사는 유니클로의 대유행과 반동을 지나 이제 겨우 정상적인 상태로 돌아왔습니다. 우선 여러분이 이해해 주기 바라는 것은 지금이 보통의 상태라는 점입니다.
늘 말씀드리지만 '좋은 회사는 급성장해서 높은 수익을 올리는 것이 당연하다'고 저는 생각합니다. 좋은 회사의 또 다른 중요한 조건으로 즉단, 즉결, 즉행이 있습니다.

창업을 하려고 마음먹으면 안정적으로 사업이 진행될 때보다 열 배 이상의 에너지가 필요합니다. 이번 제2의 창업과 즉단, 즉결, 즉행을 확실히 이해하기 위해서 이를 올해의 표어로 삼았습니다. 아시다시피 유니클로는 영국과 중국에 이어 미국과 한국에도 진출하기로 정해졌습니다. 또 유통업체 다이에의 기업회생 사업에 이토요카도와 함께 참여하기로 했습니다.

이는 지금까지 우리 회사에는 없었던 일입니다.

앞으로 몇 년 동안은 세계적인 규모로 새로운 시장에 진출하고, 다른 기업에 자본 참여를 하며, M&A나 합병 사업을 시행해 가겠습니다.

앞으로 몇 년 안에 기업 개수로 말하면 현재의 열 배 정도의 기업 그룹이 될 것이라고 생각합니다. 우리 회사 간부 직원의 3분의 2 이상이 기업 그룹사로 파견될 가능성이 있고 또 현재의 세 배가 넘는 직원들이 새롭게 회사에 들어올 것입니다.

일본뿐 아니라 세계의 유통업과 패션소매업은 한 번도 경험한 적이 없는 구조조정 시기를 맞닥뜨리고 있습니다.

젊고 의욕이 넘치며 혁신적인 사고방식을 가진 기업에게는 이처럼 혼란한 시기가 오히려 엄청난 비즈니스 기회가 됩니다. 드디어 제2의 창업기가 시작되었습니다.

그렇지만 우려되는 점이 있습니다.

바로 즉단, 즉결, 즉행의 결여입니다.

이것은 회사 경영에 있어 치명상이 될 수 있습니다. 특히 패션소매업에서는 매일 매장의 상품과 고객의 동향, 시장의 변화를 민감하게 파악해야 합니다. 누구보다도 빨리 임기응변을 발휘하면서 변해가지 않으면 회사도 개인도 살아남을 수 없습니다. 때를 놓치면 사업의 생존까지 위협받을 수 있습니다.

지금까지 산업계에서 사라진 회사들은 대부분 실패한 이유조차 제대로 몰랐습니다. 또 결정해야 할 사항을 제때 결정하지 못하고, 결정한 뒤에도 정확히 실행하지 못했습니다. 문제의 본질과 해결책을 알고도 멍하니 시간만 보내는 회사는 시대에 뒤처지게 됩니다.

최근 우리 회사의 분위기를 보면서 비슷한 점을 많이 느낍니다.

중요한 안건에 대해 결정을 내리고 바로 실행해야 할 일들이 그대로 미뤄지고 있습니다. 미발견, 미판단, 미결정, 미실행의 상태로 방치되어 있습니다.

정말 좋은 제안을 해도 실행할 때까지 너무 오래 걸립니다. 지금 일본이나 세계 유통업계는 총체적 난국입니다. 이 와중에서 살아남아 비약적으로 성장하려면 누구보다 빨리 상황의 변화를 느낄 수 있어야 합니다. 그리고 문제를 찾아내서 적확한 판단을 내리고, 할 수 있는 일과 할 수 있는 사람을 선별하여 먼저 실행해 나가야 합니다.
앞으로 느린 기업은 빠른 기업의 먹잇감이 됩니다. 지금은 그런 세상입니다.

빠른 기업이 비약적으로 성장할 수 있는 기회가 찾아왔습니다. 그것도 세계적으로 커나갈 수 있는 기회입니다. 일본만이 아니라 아시아, 미국, 유럽에서 성장할 수 있다면 지금보다 세 배, 네 배의 성장도 가능합니다.
드디어 모든 산업에서 글로벌 시장이 시야에 들어오기 시작했습니다. 앞서 나가는 하이테크업계, 금융업계, 자동차업계와 같은 상황이 우리 의류업계에도 도래했습니다.
그러니 홍보용으로 선전만 할 것이 아니라 실제로 행동해야 할 때입니다.

저는 이런 상황 속에서 매장의 여러분에게 꼭 부탁하고 싶은 일이 있습니다. 그것은 현재 상황의 문제점을 더 빨리, 더 많이 찾아내서 서포트센터에 서슴없이 문제 제기를 해달라는 것입니다.

원래 서포트센터는 고객과 매장을 위해 마련된 지원센터입니다. 지원할 수 없는 서포트센터는 존재할 의미가 없습니다.

'이 부분이 문제니까 이렇게 지원해 달라'고 분명히 말씀해 주십시오. 지금은 그렇게 돌아가고 있지 않다고 절실히 느낍니다. 그 점은 저를 비롯해 전체 경영진의 책임이 큽니다. 경영진에게 부탁하고 싶은 것은 하나입니다. '모든 문제를 더 신속히, 더 통렬하게 느끼고, 즉단, 즉결, 즉행을 해달라'는 것입니다.

지금은 제2의 창업기입니다.

창업에는 기업을 안정적으로 유지할 때보다 열 배 이상의 에너지가 필요합니다. 우리 회사의 경영 간부 전원이 예리한 감수성과 뜨거운 열정을 지녀야 합니다.

저는 경영진 여러분 모두에게 이를 요구합니다.

"벽을 무너뜨리면

세상은 무한대로 넓어진다."

3장

성공은 버려라

만일 성공의 공식이 존재한다고 해도 실전에서는 소용이 없다.

공식에 따라 모든 현상을 분석하고 원하는 제품을 생산해도

시장 상황은 매 순간 바뀌기 때문에 의미가 없다.

따라서 현실에서 일어나는 일들은 반드시 자신의 감성으로 판단하고,

논리적이고 분석적으로 실행해야 한다.

사업에는 감성과 논리, 이 둘의 통합과 조화가 필요하다.

유니클로의 세 개의 엔진

유니클로 사업의 구조개혁, 즉 재강화와 재성장을 위해서는 세 개의 성장 엔진이 필요하다고 생각한다. 첫째는 조직 개발, 둘째는 입지와 업태 개발, 그리고 마지막은 상품 개발이다.

글로벌 시장에서 매장을 운영하다 보니 유니클로의 강점과 약점을 조금씩 알게 됐다. 또 세계 1위가 되려면 일본에서 먼저 독보적 1위가 되어야 한다는 사실도 깨달았다. 세계에서 좋은 평가를 받으려면 먼저 일본에서 더 엄격히 평가받아야 한다.

일본에서 독보적 1위가 되는 것이 세계에서 평가받기 위한 통과점이라고 본다면, 우선 평가받는 상품을 더 정교하게 개발해야 한다. 유니클로를 강화하는 것은 유니클로가 기존의 고객을 넘어 새로운 고객에게 좋은 평가를 받는다는 뜻이다. 예를 들어 지금까지 유니클로 제품을 산 적이 없는 고객층, 혹은 산 적은 있지만 하나만 샀던 사람이 두 개, 세 개를 사게 만드는 것이다.

에이치앤엠이나 자라, 포에버21 같은 해외 브랜드의 체인점이 경쟁적으로 일본에 진출하고 있기에 그들과 국내에서도 본격적인 경쟁을 펼쳐야 하는 상황이다. 이것이 유니클로 매장을 대형화한 또 하나의 이유다. 우선 도쿄 도심부에 대형 매장을 오픈할 것이다. 또 전국 각지 교외의 쇼핑센터에도 대형점을 출점해서 고객층을 확장해 나갈 계획이다. 남녀노소 누구나, 가족이나 연인과 함께, 또 혼자서도 많은 분들이 매장을 찾아주면 좋겠다.

고객층을 확장하려면 상품력의 강화, 특히 여성용 제품의 강화가 중요하다. 우리는 원래 남성복에서 출발한 기업이기 때문에 여성용 제품군이 약하다. 다른 캐주얼 의류 소매기업은 압도적으로 여성복 매출 비율이 남성복보다 높은데, 우리 회사는 반대다. 개혁할 여지는 충분히 많다고 생각한다.

후리스는
콜럼버스의 달걀이었다

상품을 개발할 때 고객에게 제일 강력하게 어필할 수 있는 포인트는 '저렴한 가격'이다. 그 밖에는 무엇이 있을까? 우리가 취급하는 게 의류 제품이므로 당연히 디자인과 색, 무늬, 소재, 부속품, 봉제, 염색, 옷감의 품질 모두 중요하다. 우리는 특히 소재를 중시해서 이미 몇 년 전부터 소재의 기능 개발에 집중해 왔다.

다양한 섬유 제조사와 접촉했지만 그중 도레이와는 2006년 6월에 전략적 파트너십 구축을 발표하고 공동으로 소재를 개발하고 있다. 일본에서 유니클로는 아직 새내기 회사다. 그런 만큼 일본 제조업계의 정확하고 훌륭한 제조기술을 우리 제품을 통해 전 세계에 알리고 싶었다.

맨 처음 도레이에 거래를 청하러 간 것은 1998년이었다.

이쪽은 신생 기업으로 업계의 이단아라면 저쪽은 섬유 산업계의 왕자였다. 아무리 생각해도 상대해 줄 것 같지가 않았다. 그래서 마에다 가쓰노스케 회장을 직접 찾아가 간곡하게 부탁했다. '저희 회사와 협력해서 소재를 개발해 주셨으면 한다'라고 하자 회장은 유니클로를 성장 가능성이 있는 기업이라고 평가해 주었다. 결국 도레이의 GO(Global Operation) 추진실에서 후리스의 원재료를 개발해 주었다. 마에다 회장은 당시 경제 잡지에 '섬유산업은 글로벌 비즈니스로 발전할 여지가 충분하다'라고 기고했다. 나도 같은 생각이었다.
현재 도레이에는 유니클로 전담 개발팀이 운영되고 있다.

1998년 가을·겨울 시즌 이후 폭발적으로 팔려나가며 전국적인 붐을 일으킨 후리스는 원래 아웃도어용으로, 그중에서도 특히 등산복으로 알려진 소재다.
주로 방한복으로 입었고 색상이 빨강과 초록밖에 없어서 패션과는 동떨어진 제품이었다. 그 후리스로 패션의 성지 하라주쿠에 도전장을 내민 것이다.
그렇게 다양한 컬러를 갖추고 가격도 1900엔으로 통일한 뒤 대대적인 판매에 나섰다.

하라주쿠에는 개성 만점의 가게가 모여 다채로운 상품을 팔고 있었다. 그곳에서 어떤 상품을 선보여야 고객들이 만족해하며 사갈지를 철저하게 연구했다. 평범한 방한복이 아닌 디자인이 뛰어나고 가격도 저렴한 상품을 팔고 싶었다. 그 고민의 결과가 후리스였던 것이다. 등산복에만 쓰던 소재를 캐주얼 의류에 적용해 볼까 생각한 것이 콜럼버스의 달걀과 같은 발견이 된 셈이다. 당시 후리스 열풍 때문에 고객들은 하라주쿠의 유니클로를 후리스 전문점으로 생각할 정도였다.

히트텍은 어떻게 대박이 났을까

2007~2008년 가을·겨울 시즌에 대히트를 친 히트텍도 흥미로운 소재다.
이전에도 히트텍과 비슷한 소재가 겨울 스포츠용 속옷에 많이 쓰였으며 주로 스포츠용품점에서 판매되고 있었다.
하지만 한 벌에 3000엔이 넘는 속옷치고는 감촉이 뻣뻣하고 디자인도 평범했다. 그래서 중년 남성이 겨울에 골프를 칠 때 방한용으로 입는 옷이라는 이미지가 강했다.

이처럼 주목받지 못했던 소재를 히트텍으로 완성하기까지 수많은 아이디어와 도전이 있었다.

- 지금보다 좀 더 얇게 만들어 착용감을 개선할 수 없을까?
- 좀 더 다양한 색상으로 만들 수 없을까?

- 보온성을 높일 뿐 아니라 보습 기능까지 더해서 피부가 건조하지 않도록 하면 어떨까?
- 품질과 기능을 높이더라도 다양한 고객이 살 수 있는 가격으로 만들자.

이런 개발 과정을 거쳐 지금의 히트텍이 완성되었다.
설명은 간단하지만 사실 개발하는 데 상당히 오래 걸렸다. 1999년 무렵부터 '따뜻한 속옷을 만들자. 지금까지 없던 새로운 속옷을 만들자!'는 의도로 착수해서 점차 완성도를 높여간 것이다. 히트텍은 고생한 보람이 있게 4년 동안 6450만 장이 팔려나가 초대박 상품이 되었다.

상식적인 사람이라면 기존 상품을 스포츠 용품으로 보고 전국에서 5만 점이나 10만 점 정도 팔리겠다고 생각할 것이다. 하지만 우리는 상식에 얽매이지 않는다. '이 상품의 용도 자체를 바꾸면 어떨까? 다양한 부가가치를 더하면 500만 점이나 1000만 점도 팔릴 수 있지 않을까?' 하고 늘 생각하는 것이다.
사소한 생각의 차이가 상품의 가능성을 무한대로 넓힐 수 있다. 처음부터 호기심과 열정을 가지고 덤벼들어야 한다.

매일매일 상품의 판매 흐름을 관찰하다가 이거다 싶으면 바로 실행에 옮기는 것이다.

히트텍은 스포츠용 내복을 패션 의류로 바꾼 것이다. 옛날처럼 속옷으로 입어도 되고 보온성이 뛰어나므로 그 위에 스웨터나 겉옷을 한 장 걸치기만 해도 충분하다. 워낙 얇아서 두 장을 겹쳐 입을 수도 있다. 예쁜 색상과 실루엣으로 상당히 세련된 옷이 탄생했다.

사실 히트텍을 처음으로 높게 평가해 준 것은 각 패션 잡지의 편집장들이다. 직접 사서 입어보고 "이건 정말 물건이네요"라고 말해주었다. 우리가 노력한 부분을 정확히 알아준 것 같아 그분들의 평가가 무엇보다 기뻤다.

아우터가 된 브라탑

같은 해인 2008년 봄·여름 시즌에 대히트를 친 브라탑도
기존 상품을 개량한 것이다. 브라탑은 2004년부터
판매됐지만 그때는 속옷의 성격이 강했다.
그런데 2005년부터 여성들 사이에 캐미솔을 겉옷으로
입는 패션이 유행하기 시작했다. 유니클로의 여성복
MD부는 그 점을 놓치지 않았고 바로 상품 개발을 위한
전문팀을 꾸렸다.

브라탑은 캐미솔이나 탱크탑에 브래지어컵을 붙인
상품이다. 평평한 가슴 패드를 입체적인 컵 모양으로
바꾸고 컵이 금방 누렇게 변하는 문제점도 개선했다.
덕분에 여성들이 좋아하는 파스텔색의 제품도 개발할
수 있었다. 속옷이었던 브라탑이 겉옷으로 변신하는 데
성공한 것이다. 철저하게 사용자인 여성의 시점에서

개발한 상품의 승리였다. 브라탑은 2008년 말까지 3년 동안 680만 장이 팔려나갔다.

앞으로도 우리는 세계 제일의 기술력을 지닌 도레이와 함께 멋진 제품을 만들어갈 것이다. 편안한 착용감과 감촉, 적절한 패션 감각을 도입해서 고기능에 고품질, 나아가 합리적인 가격의 캐주얼 의류를 선보일 것이다. 정말 좋은 옷을 만들면 사람들이 반드시 사서 입어줄 것이라고 나는 믿고 있다.

의류업계의 이단아

도레이와 거래한 지 한참 지났을 무렵 어떤 소문이 들려왔다.

"도레이가 왜 유니클로 같은 곳과 거래를 하는가?"

어느 의류 대기업의 회장이 도레이의 사장에게 직접 이런 불만을 토로했다는 것이다.

그때만 해도 다들 '유니클로 같은 조그만 회사가 도레이와 계속 거래할 리 없다. 그냥 내버려둬라'라고 생각했다. 하지만 그 회장은 우리 회사를 '위협'으로 여긴 모양이었다.

초반에는 고난의 연속이었다. 거래하는 중국의 생산위탁 공장이 서서히 늘어나게 되어 결국 중간에 도매상과 판매사를 끼지 않고 직접 판매 절차를 진행하기로 했다. 덕분에 압도적으로 저렴한 가격으로 제품을 생산할 수 있었다. 우리가 원하는 사양으로 발주하는 대신 재고 리스크를 전부 떠안고 생산관리까지 도맡았다.
완성된 제품을 우리 손으로 팔고 매장에서 확인한 고객의 반응을 직접 공장에 전달했다.

의류소매업계의 기존 상식, 소매업자와 생산공장 사이에 여러 회사가 개입해서 단계별로 이익을 나눠 가지는 구조에 익숙한 사람들이 보기에 우리 회사는 완전한 이단아였을 것이다. 하지만 후리스의 폭발적인 매출 상승 덕분에 다른 상품도 덩달아 잘 팔리고 품질까지 좋아졌다.
회사 매출도 수백억 엔에서 1000억 엔, 2000억 엔, 4000억 엔으로 매년 두 배씩 뛰어올랐다.

보통 사람은 비정상적인 증가라고 생각할 것이다.
'이대로 계속 늘어날 리가 없다'고 무시하거나 이 추세대로 가면 '우리가 잡아먹힐지도 모른다'고 생각할 것이다.
앞서 이야기한 회장의 눈에는 우리가 단순한 이단아가 아니라 위협으로 비쳤던 것이다.

벽을 무너뜨리면 세상은 무한대로 넓어진다

원래 섬유업계는 상당히 보수적이다.
구태의연한 상식에 얽매여 산업구조 자체를 혁신하려
들지 않는다.
회사들도 대부분 연공서열식 체제로 실력주의와는
한참 거리가 멀다. 그런 가운데 급성장한 우리 회사는
실력주의로 알려져 덕분에 외국기업인 줄로 오해하고
입사한 직원들도 많다.

비단 섬유업계만의 이야기가 아니다. 낡은 유산을 버리지
못하고 여전히 껴안고 있는 산업은 셀 수 없이 많다.
의류업계를 보면 똑같이 옷을 만들고 있는데도 산업
안에서 편 가르기를 하려 든다. 실용 의류, 패션 의류,
스포츠 의류 등 끊임없이 분야를 나눠 색을 입히고 구별
짓는다.

업계의 낡은 풍습이 단단한 선입견의 벽을 만드는 것은 일본만의 일이 아니다. 미국이나 유럽도 마찬가지다.

우리가 히트텍을 해외 시장에 선보였을 때의 일이다. 현지 사람들은 스포츠 매장에서나 팔릴 만한 제품을 왜 패션 의류 매장에서 파느냐고 물었다. 상품의 본질과 옷의 기능적 가치를 이해하지 못하고 겉모습만으로 판단한 것이다.

후리스를 판매하기 시작했을 때도 마찬가지였다. "당신네 회사는 등산복 만드는 아웃도어 제조사입니까?"라는 말을 듣기도 했다. 섬유업계의 최첨단에 있는 사람들도 크게 다르지 않았다. 합성섬유는 좋지 않고 천연 소재만 좋다는 믿음이 너무 강한 나머지 '그런 제품은 팔리지 않는다. 필요하지도 않다'며 후리스를 제대로 살펴보지도 않았다.

일본 공업제품의 기술력과 섬유 제조기술은 세계 제일이다. 그럼에도 선입견이라는 벽을 만들어 갇혀 있는 셈이다. 상품화가 활발히 이루어지지 않고, 기껏 만들어도 소량 생산이기 때문에 비용이 많이 든다. 채산성이 맞지 않으니 상품 개발이 어렵다. 악순환이다.

벽을 무너뜨리면 세상은 무한대로 넓어진다.
그 사실을 깨닫지 못하는 것이 안타깝다.

3세대 SPA의 등장

우리는 상품을 살 때 상품이 지닌 이미지, 상품에 담긴 정보 가치까지 함께 구매한다. 에비앙 생수가 인기 있는 이유는 고급 브랜드 생수의 이미지와 프랑스를 중심으로 유럽에서 잘 팔린다는 정보 가치 때문이다.
그런데 소매업에서는 정보 가치를 상품과 함께 전달하는 경우가 많지 않다. 유니클로는 옷의 소매업, 특히 의류제조 소매기업으로서 정보 가치를 지닌 옷을 고객들에게 제공하고자 애써왔다.

SPA는 시대의 변화와 함께 진화를 거듭해 왔다.
나는 1세대부터 3세대까지 세대별로 SPA의 기능이 달라졌다고 생각한다.

1세대의 SPA는 갭과 리미티드다. 처음에는 스포츠 의류를 단품으로 조합하는 상품이 많았는데 점차 캐주얼 의류로 일반화되었다.

2세대 SPA는 디자인적 요소를 도입해서 옷을 만들었다. 자라나 에이치앤엠이 여기에 해당한다.
나는 옷을 사는 이유가 단지 패션 때문만은 아니라고 생각한다. 기능과 소재, 착용감, 스타일처럼 그 옷이 지닌 정보를 제품과 함께 고객에게 제공해야 한다.
예를 들면 서로 어울리는 상의와 하의를 세트로 만들어 스타일링이라는 메시지를 담아 판매하는 것이다.

상품 자체가 좋아야 하는 건 당연하고, 상품이 전달하는 정보도 고객에게 도움이 되어야 한다.
나아가 상품에 기업의 이미지를 담아 전달하는 일도 필요하다. 유니클로라는 기업이 어떤 철학을 갖고 있는지 알려서 고객으로 하여금 유니클로의 옷을 사고 싶게 만드는 것이다. 이처럼 다양한 의미의 정보를 상품과 함께 전달하는 SPA를 나는 '3세대 SPA'라고 이름 붙였다.

여기 화과자 가게가 하나 있다. 매장에 두 종류의 찹쌀떡이 진열되어 있다. 가격은 똑같이 150엔이지만 한쪽에는 글귀가 적힌 예쁜 종이가 앞에 놓여 있다. 그 찹쌀떡이 탄생한 뒷이야기나 전통적인 제조법, 엄선된 재료에 대한 설명 등 다양한 소개 문구가 적혀 있다. 다른 한편에는 가격표 외에는 아무것도 없다. 어느 쪽이 더 잘 팔릴지는 물어볼 필요도 없다. 당연히 부가가치 정보가 담긴 상품이 더 많이, 더 빨리 팔릴 것이다.

정보와 메시지를 담아라

지금까지 옷과 패션은 동일어로 쓰였다.
특히 의류업계에는 옷이 곧 패션이라고 여기는 사람이 많다. 에이치앤엠이나 자라는 패션 그 자체를 판매하는 회사다. 지금 유행하는 새로운 패션을 되도록 싼 가격으로 제공하는 것이 목표다. 패션을 좋아하는 사람에게는 기쁜 일이지만 옷의 가치는 패션의 측면에서만 평가되는 것이 아니다.

유니클로가 중시하듯이 옷에는 기능성의 측면이 있다.
히트텍은 따뜻하고, 드라이는 쾌적하다. 기능 외에도 착용감이나 감촉처럼 다양한 요소들이 판매 요인이 된다.

다만 왜 팔리는지 구체적인 이유를 전달하지 않으면 고객도 이를 정확히 알지 못한다. 우리는 그 요소를 고객의 필요로 인식하고 상품을 개발한다. 동시에 팔리는 이유와 사는 이유를 정보로 가공해서 고객에게 전달하고 판매한다.

세상에는 매일 새로운 상품이 등장하고 또 사라진다. 고객의 선택을 받을 수 있는 것은 정말 한 줌의 상품밖에 되지 않는다. 그런 상황에서 '이것은 좋은 상품입니다!'라고 우리가 발신한 정보가 고객의 마음을 움직이는 것이다. 우리 회사도 이처럼 정보를 전달하는 동시에 옷을 만들어 파는 의류 소매업자가 되어야 한다.

이 일을 가능하게 하는 건 SPA밖에 없다. 고객 니즈를 파악하고 상품을 기획 개발해서 마케팅으로 상품의 우수성을 전달하고 고객에게 직접 판매한다. SPA라면 이 과정에서 상품의 장점을 고객에게 생생하게 설명할 수 있다.

하지만 제조업체는 다르다. 상품을 생산해서 소매점에 전달하기만 할 뿐, 어떤 광고가 효과를 내어 어느 매장에서 어떻게 팔리는지 알 수 없다. 우리 같은 SPA라면 자신 있는 상품이나 고객에게 이익이 되는 상품, 니즈를 충족시킬 수 있는 상품에 대해 각각의 특징을 가치 있는 정보로 발신할 수 있다. 그것이 내가 말하는 '3세대 SPA'다. 이는 일본뿐 아니라 전 세계 어디에서든 마찬가지다.

생각해 보면 의류 이외의 상품은 기능과 특징, 부가가치와 같은 제품 정보를 모두 소비자에게 전달한다. 의류는 그와 달리 최근의 유행과 같은 패션 정보만 전달할 뿐이다. 그건 이상하다고 생각했다.

종합 의류는 원래 고객이 때와 장소, 상황에 맞추어 자신의 취향과 기분으로 선택하는 것이다. 우리가 제공할 수 있는 것은 그 종합 의류 중에서 부품이 되는 옷이다.
단품으로서 완성도를 올리기 위해 패션 요소를 가미하고 기능과 품질과 같은 다양한 요소를 더하여 가능한 한 싼 가격으로 제공해서 고객이 만족하도록 만들어야 한다.
고객이 한 장이 아니라 여러 장을 사준다면 더할 나위 없다.

예시로 히트텍 광고를 살펴보자. 2007년 가을과 겨울에 방영한 TV 광고 중 '히트텍 속옷, 눈 내리는 역' 편이 있다. 당시 세련된 훈남 이미지로 인기가 높은 젊은 남자 배우가 역무원 역할을 맡았다. 남자가 출근하려는데 아내가 '오늘은 추우니까 입고 가'라며 히트텍 속옷 바지를 권한다. 남자가 처음에는 '말도 안 된다'며 질색하지만 결국 억지로 입고 간다. 그리고 찬바람이 부는 역 플랫폼에 서서 자기 엉덩이를 만지며 '말이 되네'라고 중얼거린다. 젊고 잘생긴 남자 배우가 직접 히트텍을 입고서 '춥지 않고 쾌적하다'는 느낌을 실감 나게 살린 광고라 많은 이들에게 히트텍의 우수한 기능을 잘 전달했다고 생각한다.

사실 히트텍 티셔츠는 겨울에 그 한 장만 입고 겉옷을 걸쳐도 춥지 않다. 그해 11월 중순에는 품절 사태가 일어났고 12월 초순에는 초반 예상했던 판매 수량, 즉 공장의 생산가능량까지 모두 팔려서 사죄 광고를 낼 정도였다. 그 시점까지 2800만 장이 팔려서 그야말로 초대박이 났다.

이론만으로는 팔리는 상품을 만들 수 없다

사람이 물건을 사도록 만드는 요인은 감정과 조건 반사라고 생각한다.
처음 매장에서 상품을 보고 직감적으로 '이거 좋은데'라고 느끼면 '사야겠다'고 생각한다. 왜 이 상품이 좋은지, 왜 사고 싶었는지는 구입한 다음에야 분석할 수 있다.

상품을 만들어 파는 사람의 입장에서는 어떤 요소 때문에 팔리는지 찾아내기가 쉽지 않다.
색상, 모양, 디자인, 소재, 기능, 봉제 품질, 가격, 착용감, 촉감이 복합적으로 작용한 결과이기 때문이다.
또 해당 요소를 갖추면 확실하게 팔린다는 보장도 없다.
즉, 분석 결과를 바탕으로 팔리는 제품을 만들기는 쉽지 않다는 말이다.

사람이 사람을 좋아하는 데는 이유가 없다고 하지 않는가. 감정이 만들어내는 일이 그렇다. 상대가 좋아진 이유를 이것저것 나열할 수 있다고 해도, 다른 사람이 그대로 행동한들 그 사람이 좋아지는 것은 아니다.

상품이 인기 있으면 팔리는 요소를 분석해서 추측할 수는 있다. 하지만 고객이 사기 전에, 즉 상품을 기획하는 단계에서는 팔릴 요인을 예측할 수 없다.
물론 시장의 흐름을 잘 파악하거나 고객의 심리를 읽어서 팔릴 요소를 정확히 찾아낸다면 대박 상품을 만들 수 있다. 하지만 그 요소를 발견할 법칙도 없고, 따로 방법을 배울 수도 없다. 그러므로 매일같이 MD와 R&D, 그리고 마케팅 담당자들이 고민하며 문답을 되풀이하는 것이다. 엄청난 노력과 개량에 이은 개량, 시행착오를 되풀이하지 않으면 팔리는 상품을 만들 수 없다.

과학적이고 분석적인 접근과 예술에 가까운 감각적인 접근, 이 두 요소가 융합하면 좋은 상품이 탄생할 수 있다. 어느 하나라도 없으면 상품을 만들 수 없지만, 그래도 예술적인 감각에 좀 더 무게가 실린다고 생각한다.

이론적이고 분석적인 접근만으로 상품을 개발하면 결코
팔리는 상품을 만들 수 없다.

또 잘 팔리는 요소를 파악하고 상품을 개발한 뒤에도
고객을 꾸준히 설득해야 한다. TV나 신문광고, 매장
홍보를 이용해서 고객을 적극적으로 설득하지 않으면
역시 팔리지 않는다.

감각과 논리 사이의 줄타기

주변에서는 흔히 내가 경영하는 방식이 객관적이고 논리적이라고 말한다. 하지만 스스로는 정반대라고 생각한다. 감각적으로 행동하거나 의사결정을 할 때가 많다고 느끼기 때문이다.

물론 감각에만 치우친 경영은 실패할 수밖에 없다. 따라서 현장에서는 다양한 논리와 이유를 들면서 지시하고 있다. 하지만 '정말 그럴까' 하고 위화감을 느끼는 또 다른 자신을 발견한다. 어쩌면 인간은 늘 모순 속에서 의사결정을 내리며 '경영하는 존재'일지 모른다. 넓은 의미에서는 그런 식으로 '살아간다'고 할 수 있다. 회사의 조직과 시스템도 이와 비슷한 구석이 있다.

외부에서는 유니클로가 철저히 논리적으로 조직된

회사로 보이는 모양이다. 무슨 일이든 사전에 계획해서 장기적 관점에서 추진할 수 있는 공식에 따라 전략적으로 움직인다고 생각하는 것 같다.

하지만 유니클로에도 여느 회사와 마찬가지로 논리적이고 분석적인 말로는 명확히 전달할 수 없는 부분이 존재한다. 소위 '암묵적 지식' 같은 것이다. 그 진의는 나와 현장 직원들이 실제 체험을 공유하고 논의하면서 비로소 전달된다. 일종의 도제 제도처럼 비칠 수도 있지만 우리 회사는 그런 암묵적 지식을 소중히 여긴다.

만일 성공의 공식이 존재한다고 해도 실전에서는 소용이 없다. 공식에 따라 모든 현상을 분석하고 원하는 제품을 생산해도 시장 상황은 매 순간 바뀌기 때문에 의미가 없다. 따라서 현실에서 일어나는 일들은 반드시 자신의 감성으로 판단하고, 논리적이고 분석적으로 실행해야 한다. 사업에는 감성과 논리, 이 둘의 통합과 조화가 필요하다.

우리 회사에 성공의 공식은 없다. 오히려 철저한

현장주의로 착실히 작업하는 과정을 더 가치 있게 여긴다. 직원 각자가 제대로 고민하고 실천하는 경험을 쌓아야 문제 상황을 타개할 수 있다.

흔히 탁상공론식으로 상황을 분석하는데, 표면만 살피면 진짜 문제를 해결할 수 없다. 직원이 괴로울 만큼 고민하고 또 고민해야 비로소 어려움을 이겨낼 수 있다.
지금까지 히트한 상품도 고객 반응, 매장 직원과 점장의 제안, 잡지 편집자의 입소문처럼 사소한 일을 계기로 탄생했다. 그 상품이 다음 해 개량되어 판매되고 또 그다음 해 다시 개량되어 팔리다가 히트를 치게 된 것이다.

현재 소매기업 중 많은 수가 직접 상품을 만들지 않기 때문에 고객의 반응과 현장의 목소리에 귀 기울이지 않는다. 그저 자신들의 아이디어를 고집하며 제조업체에 '이런 식으로 상품을 만들어 오라'고 지시만 하므로 상품 개발의 노하우가 쌓이지 않는다. 그러면 성공은 지속될 수 없다.

숫자 이상의 것을 느껴라

장사할 때 가장 중요한 것은 고객을 끊임없이 관찰하는 일이다. 관찰은 데이터를 낳는다. 즉, 관찰 결과를 수치화할 수 있다는 이야기다. 어떤 대책을 실행했을 때 수치가 바뀌므로 효과가 있었는지 증명할 수 있다. 장사하는 사람은 무엇보다 현장에서 피부로 느껴야 한다. 숫자로 나타나기 전부터 무언가 느껴지는 게 있을 것이다. 숫자 이상의 것을 느껴야 한다.

예를 들어 잘나가던 상품의 매출이 주춤하면 '반년 뒤에는 아예 안 팔리지 않을까? 혹은 신상품이 출시되자마자 불티나게 팔린다면 혹시 몇백만 장이 나갈 대박 상품은 아닐까?'를 직감적으로 느끼고 판단해야 한다. 숫자만 가지고 논리적으로 따지다가 자칫 다음 일을 그르칠 수도 있다. 물론 논리적 사고도 중요하지만 장사하는 사람은 우선 피부로 느껴야 한다.
논리적으로 생각하면 수치만으로 예측하게 되고,
시각이 한쪽으로 치우쳐 잘못된 판단을 하기 쉽다.

나는 매주 상품 리스트를 모두 살펴보고 제품마다 판매 전략을 짜고 있다. 동시에 매장에 직접 가서 실제 상품의 판매 실태를 피부로 느끼고 있다. 논리적인 수치 관리와 현장의 피부 감각, 장사에는 양쪽이 모두 필요하며 어느 한쪽도 놓쳐서는 안 된다.

누구나 찾기 편한 곳에 유니클로가 있다

현재 유니클로는 도쿄 도심에서 출점 후보지를 물색하고 있다. 하지만 그 일대에서 우리와 경쟁하는 일본 기업은 한 군데도 없다. 모두 외국계 기업이다. 에이치앤엠, 자라, 갭, 나이키, 아디다스, 프라다, 조지오 아르마니, 푸마, 포에버21과 같은 회사가 점포 입지를 둘러싸고 우리와 맞서고 있다.

결과적으로 그 장소를 정말 차지할 수 있는 회사들, 즉 진정한 경합 상대들만 살아남을 수 있다. 결국 출점 장소를 다투는 세계 무대로 올라가지 않으면 살아남을 수 없는 것이다.

우리 회사는 뉴욕과 런던, 상하이에 매장을 열고 앞으로도 전 세계에 플래그십 매장을 만들어나갈 작정이다.

유니클로의 해외 사업은 겨우 흑자로 돌아섰지만 아직 수익을 내고 있다는 실감은 없다. 브랜드의 존재감을 세계 시장에서 충분히 어필하지 않으면 국내에서도 버티기 어려울 것이다.

앞으로 유니클로는 200평에서 250평 크기인 표준 매장에서 나아가 500평이 넘는 대형 매장을 중점적으로 출점할 계획이다. 기존의 교외형 매장은 이미 포화 상태에 이르렀기 때문이다. 따라서 출점 전략을 전환하고 앞서 언급한 것처럼 매장을 대형화하는 동시에 소형 매장과 전문 매장 운영에도 주력할 예정이다. 유니클로의 전문 매장으로는 아동복이나 여성복, 그리고 여성 속옷 전문점 '보디 바이 유니클로(BODY by UNIQLO)' 등이 있다.
일정 기간 운영하다가 현재는 철수했지만 추후 재출점을 고려할 여지도 있다.

또한 대형과 소형 매장 모두 인구 100만 이상의 대도시에 출점할 예정이다. 2009년 7월 기준 752개인 유니클로 국내 매장을 앞으로 3년 안에 900개에서 1000개까지 늘리고 싶다.

소형 매장은 주로 전철역과 공항 안에 있는데 그중에는 크기가 열 평도 안 되는 곳도 있다. 실제로 시부야역 점포는 여섯 평 정도의 규모다.

유동 인구가 많고 누구나 찾기 편리한 위치에 매장을 열고 싶다. 규모는 작아도 다양한 장소에서 고객을 만날 수 있는 유니클로가 되고 싶다. 그런 의도로 소형 매장에는 '편리함'에 중점을 둔 상품을 진열하고 있다.
의외로 소형 매장의 평당 매출 효율은 굉장히 높은 편이다. 최근에는 대형 전철역 안이나 역과 바로 연결되는 위치에 대형 서점이 늘고 있다. 키오스크 크기의 작은 서점도 역사에서 많이 볼 수 있다. 유니클로도 사람들이 모이는 역에 초점을 맞추어 매장을 확대하고자 한다.

유니클로 매장의 대형화

2004년 10월 9일, 오사카부 오사카시에 '유니클로 플러스 신사이바시점'을 열었다. 뉴욕에서 활약하는 건축 디자인 유닛 롯텍에 650평에 이르는 이 대형 매장의 설계를 의뢰했다. 유니클로 최초의 대형점으로 당시는 '유니클로 플러스'라는 점포명으로 시작했다.

기존 200평 규모의 표준 매장보다 면적을 확대해서 도심의 의류전문점과 백화점에 대항할 수 있는 매장을 만드는 것이 목표였다. 새로운 매장에서는 VMD(비주얼 머천다이징), 즉 유니클로 특유의 매장 연출을 통해 상품의 장점을 선명하게 보여주려고 노력했다. 또 판매 상품은 베이직에만 치우치지 않고 패션 요소가 가미된 상품을 투입했고 여성용 상품의 비율도 늘렸다.

지금까지 유니클로는 도로변 위주로 점포를 늘려왔기에 일본 각지의 고객들이 상품을 쉽게 살 수 있었다. 이제는 도쿄의 긴자와 오사카의 신사이바시 같은 번화가에도 대형 매장을 열어 고객을 맞이하고 있다. 업태의 변신을 꾀하고 있는 셈이다.

최초의 대형점은 기존 매장과 차별화되도록 초반에는 '유니클로 플러스'라고 불렀다. 하지만 유니클로 자체를 대형화할 필요가 있었기에 유니클로 플러스라는 이름은 초기 매장 몇몇에만 남기고 이후 운영하는 모든 대형 매장은 유니클로로 통일했다.

'유니클로는 저가 정책을 그만두겠습니다'라는 선언을 대형 매장의 번화가 출점 시기와 맞추어 발표한 이유가 있다. 유니클로의 상품이 그저 싸기만 한 게 아니라는 점, 유니클로는 품질 높은 상품을 제공하고자 노력하고 있고, 실제로 이미 그런 기업이라는 점을 어필하고 싶었기 때문이다.

백화점과 SPA의 대결

서구에서 에이치앤엠이나 자라와 같은 패스트 패션이 급성장할 수 있었던 이유는 무엇일까? 나는 유럽 대도시의 백화점이나 의류 양판점, 마트에서 판매되던 의류의 수요를 이들이 송두리째 빼앗았기 때문이라고 생각한다. 에이치앤엠이나 자라 매장은 대부분 1000평이 넘는 대형점이다. 유니클로도 그들처럼 대규모 매장 전략으로 나가지 않으면 이 싸움에서 이길 수 없다.

지금 전 세계적으로 의류 SPA가 백화점 시장을 빼앗고 있다. 유니클로가 대로변의 표준형 매장을 고수하다 보면 한계에 부딪힐 것이며 세계적 브랜드로 성장할 수도 없다. 그러니 도심부에 대형 매장을 출점하는 것은 필연적 결과였다.

1990년대 후반 8월 초순에 가족들과 바르셀로나를 방문한 적이 있다. 일본보다 더 뜨거운 햇볕 속에서 거리를 걷다 보니 백화점 쇼핑백을 들고 있는 사람이 거의 눈에 띄지 않았다. 대신 자라 쇼핑백만 보였다. 또 그 무더운 여름날 자라 매장에서는 가을과 겨울 제품이 팔리고 있었다.
패션 시즌의 교체가 너무 빠른 것에 놀랐고, 아무리 본거지라고 해도 바르셀로나 도심부에 그렇게 많은 자라 매장이 집중되어 있는 것에 또 놀랐다. 자라가 급성장한 이유를 피부로 느꼈다.

유니클로도 도심부에 대형 매장을 출점하고 디자인이 뛰어난 상품을 만들어 시즌마다 발 빠르게 새로운 상품을 선보여야 한다.

매장에서 고객을 설득해야 한다

지금까지 유니클로의 이미지는 대로변에 자리 잡은 창고형 점포에 갖가지 의류가 산더미처럼 쌓여 있는 모습이었다. 구매 형태도 주변 주택가에 배달되는 신문에 끼워 넣은 전단지를 보고 근처 주민이 차를 타고 와서 필요한 상품만 사 가는 계획 구매가 많았다. 매장 주변에 사는 사람들은 환경이 거의 비슷하므로 유사한 상품들이 잘 팔렸다.

하지만 도심 번화가에 있는 매장은 이야기가 다르다. 긴자나 신사이바시에 놀러 나온 사람들이 지나가다가 우리 매장에 들러서 '이 상품을 사고 싶다'고 생각하게 만들어야 한다. 일종의 충동구매인 셈이다. 구매를 계획한 고객을 대상으로 한다면 상품을 쌓아놓기만 해서는 통하지 않을 것이다.

또 매장 진열도 달라져야 한다. 지금까지는 상품을 하나씩 구입할 수 있도록 진열했지만 앞으로는 마네킹에 상품의 조합을 보여주어야 한다. 즉, 코디한 상태를 보여줘 매장을 찾은 고객을 설득해야 한다. 그 자리에서 상품을 보고 '아, 이거 내가 갖고 싶었던 건데!'라고 생각할 수 있도록 구매욕을 자극해야 한다.

우연히 들른 고객의 대부분은 원하는 상품에 대한 구체적인 이미지가 없다. 그러다 매장 안을 한 바퀴 돌다가 멈춰 서서 '이게 내가 갖고 싶었던 거야!'라고 깨닫는다. 따라서 고객이 매력을 느낀 그 상품이 바로 우리가 팔고 싶었던 상품이라는 사실을 어필해야 한다. 교외 매장처럼 전단지를 보고 찾아온 것이 아니기 때문이다.

따라서 도심의 매장에서는 VMD나 매장 연출이 더욱 중요해진다. 매장에 들른 고객이 상품을 보고 멋지다고 느끼게 만들어야 하기 때문이다.
또 매장이 도심에 있기 때문에 고객들은 큰 쇼핑 봉투를 들고 다니지 않으며 한꺼번에 많은 제품을 사려고 하지도 않는다. 이것도 도심 매장 운영의 어려운 점이다.

대로변 매장이든 번화가 대형 매장이든 양쪽 모두 상품이 잘 팔리고, 전국 어느 매장에서도 팔리면 그때야 비로소 국민 브랜드라고 할 수 있다. 그렇게 되어야 비로소 글로벌 시장에서도 성공할 수 있다.

2004년 10월에 신사이바시점을 열고 다음 해 2005년 10월에 긴자점, 2006년 11월에 뉴욕 소호 지구의 글로벌 플래그십 매장, 2007년 11월에 런던의 글로벌 플래그십 매장을 열었다. 일본에는 최종적으로 200개의 대형 매장을 오픈할 예정이다.

전단지는
고객에게 보내는 러브레터

앞서 전단지 이야기를 했지만 신문에 끼워 넣는 전단지는
유니클로의 성장과 떼려야 뗄 수 없는 관계다.
1984년 6월에 히로시마시 후쿠로마치에 유니클로
1호점을 오픈했을 때부터 유니클로의 판매촉진 수단의
중심은 전단지였다.

유니클로 표준 매장을 면적 200평의 대로변 교외형
매장으로 결정한 뒤 연간 30곳씩 출점해서 3년 후
100개의 매장이 되었을 때 주식을 상장하겠노라 선언했던
1991년 9월에도 전단지는 가장 중요한 판촉물이었다.
국내와 해외를 모두 합쳐 유니클로 매장만 800곳이 넘는
지금도 전단지의 중요성은 변함이 없다.

전단지와 TV, 신문광고의 차이는 이렇다.

전단지는 구체적인 상품을 팔기 위한 '일시적인 선전'이다. 당일 혹은 2~3일 후까지 기간이 한정된 광고로 보통은 주말밖에 효과가 없다. 전단지는 이날 우리 매장에 오면 좋은 상품을 파격적인 가격에 살 수 있다고 알려주는 수단이다. 고객에게 보내는 러브레터인 셈이다.

따라서 전단지를 만드는 쪽에서는 고객의 입장을 알고 마음을 사로잡아야 한다. 아니면 고객은 전단지를 봐도 매장에 갈 생각은 하지 않는다. 고객이 가보고 싶어지는, 가슴 두근거리는 전단지를 만들어야 한다.
다만 전단지는 어디까지나 임시로 발행하는 것이다. 상품과 매장의 이미지를 높이거나 특별한 시도를 하려고 해도 효과가 크지 않다.

나는 스물네 살 때부터 지금까지 약 36년 동안이나 전단지를 만들고 있다. 다양한 경험을 하면서 전단지의 효과를 경험하고 내린 나름대로의 결론이 있다.
한때는 동네 신문처럼 만들어보기도 했고,
매장의 이미지를 실어보기도 했지만 상품 판매를 위한 광고지 그 이상 그 이하도 아니었다. 고객의 심리를 콕

집어서 만들지 못하면 실패한다. 매주 전단지를 받아 보는 사람이 싫증을 내지 않도록 만드는 것도 하나의 요령이다. 한편 신문광고나 TV 광고는 단 하나의 상품을 선전하면서 동시에 기업 이미지까지 홍보할 수 있다.

유니클로의 상징이 될 매장

국내에 플래그십 매장을 연다면 당연히 긴자에서 시작해야 한다고 생각했다. 하지만 임대료가 너무 비싸고 좋은 입지가 나오지 않던 차에 우연히 오사카의 신사이바시에 좋은 자리가 나왔다. 그 뒤 꽤 좋은 시기에 긴자의 워싱턴 제화 빌딩과 협상을 하게 되었다.
몇 번이고 간곡히 부탁해서 그 자리를 임대할 수 있었다.
운도 좋았다고 생각한다.

그때까지 유니클로 매장과 긴자는 어울리지 않는다고 생각하는 사람들이 많았다. 긴자는 일본 패션계를 이끌어가는 거리이자 명품 매장이 밀집한 곳이다.
그런 긴자에 매장을 연다는 것은 유니클로의 이미지를 올릴 수 있는 절호의 기회였다.
임대료가 너무 비싸서 채산이 맞지 않았지만 그래도

빌려야 했다. 유니클로가 일본을 대표하는 브랜드가 되고, 동시에 글로벌 브랜드가 되려면 꼭 긴자에 유니클로 매장을 내야 했기 때문이다.

모순처럼 보일지 모르지만 '홍보 가치가 있다면 적자가 나도 상관없다'는 생각은 잘못된 것이다. 매장을 여는 이상 손해를 볼 순 없으므로 조금이라도 수익을 내면서 서서히 채산성을 올려야 한다.

'닭이 먼저냐 달걀이 먼저냐' 하는 문제지만 브랜드라면 도심에 출점할 수 있을 정도로 판매 효율을 올려야 한다. 또 원래 이익이 잘 나는 매장을 도심에는 낼 수 없다고 하면 그건 제대로 된 브랜드라고 할 수 없다.
그런 의미에서도 긴자에 매장을 내는 것은 우리 회사에 더없는 이익이 되었다.

참고로 유니클로 긴자점의 설계는 프랑스 회사 세 곳과 일본 회사 세 곳이 경쟁한 결과, 클라인 다이섬 아키텍처가 맡게 되었다. 클라인 다이섬 아키텍처는 도쿄에서 활약하는 건축설계사무소로 국제적으로도 지명도가 높다.

매장을 대형화하는 목적은 지금까지 유니클로에 안 와본 사람들도 우리 고객으로 만들어보자는 것이었다. 또 지금까지 유니클로 상품이 만족시키지 못한 수요도 발굴해 보자는 것이었다. 새로운 수요의 중심은 여성복이었다. 우리 회사는 원래 남성복에서 출발했기 때문에 남성복 분야는 강한 편이다. 반대로 이야기하면 여성복은 상대적으로 약하다는 소리다. 우리 회사의 가장 중요한 과제는 예전부터 변함없이 여성복이었다.

도심 매장이 어려운 이유

대형 매장으로 전환되기 전까지 도심 번화가에서 꽤 고생했다. 역시 번화가에서 매장을 운영하는 건 교외와는 많이 달랐다. 교외형 매장에서는 방문 고객의 60~70%가 상품을 구매했는데 번화가 매장, 예를 들어 하라주쿠점 같은 경우는 20% 정도밖에 사지 않았다. 양말이나 손수건 정도만 사 들고 가는 고객도 많았다.

또 고객들이 상품을 더 꼼꼼히 살펴보고 다시 내려놓기 때문에 상품을 정리하는 손도 더 많이 필요했다.
점원이 열심히 상품을 정리하는데 바로 옆에서 고객이 손에 닿는 대로 상품을 살펴보고는 그대로 펼쳐놓고 다른 매장으로 가버리는 일이 다반사다. 그러니 엄청난 수량의 상품을 다시 접고 개지 않으면 안 되었다.

번화가 매장에는 평소 유니클로에 와보지 않은 고객이 찾아온다. 처음 방문한 고객이 만일 상품을 살 생각이 들었다면 어떻게 할까? 구석구석 전부 살펴보고 상품을 고른다. 고객은 돈을 지불하는 데 그만큼 신중하고 진지하다. 구매를 위한 상품 선택과 상품 정리의 끝없는 싸움이 이어진다. 이것은 소매업의 숙명인지도 모른다.

번화가에서 장사를 하는 게 처음에는 익숙하지 않았지만 여러 점장들이 노력해서 실제 구매객 수 등의 추이를 객관적으로 관찰하고 분석해 준 덕분에 장사의 방법도 서서히 진보해 나갔다. 특히 하라주쿠 매장 점장을 맡아준 오노구치 사토시나 그의 뒤를 이은 사람들의 노력이 있었기에 다음 대형점인 긴자점, 뉴욕점의 오픈이 가능했다.

잘나가는 매장의 점장일수록 착각한다

잘 팔리는 매장에서만 일하던 점장은 상품이 저절로 팔린다고 오해하기 쉽다. '전혀 안 팔리는 상황'을 경험해 보지 않았으니 물건만 진열해 두면 손님들이 사간다고 착각하는 것이다. 번성하던 가게가 오래가지 못하는 이유도 마찬가지다. 장사가 잘되니 따로 노력하지 않아도 된다고 여기고 아무것도 하지 않기 때문이다.

하지만 고객의 감각은 모르는 사이에 점점 변화하여 매번 같은 상품과 같은 매장 진열에 싫증을 내게 된다. 그때 새로운 변화를 시도하지 않으면 그 가게는 망하고 만다.

긴자점에서는 상품의 컨설팅 판매를 목적으로 상품 구매에 어려움을 겪거나 스타일링 상담을 원하는 고객을 위해 서비스 도우미를 배치했다. 백화점이나 전문점과 같은 방식이다. 최근 긴자점은 외국인 관광객을 포함해 전반적으로 고객이 늘어 상품도 잘 팔리고 있다.

긴자점 역시 '착각'에 빠지지 않도록 매일매일 긴장하며 노력해야 한다.

대형 매장은
판매 효율이 떨어진다

대형 매장을 본격적으로 내기 시작하면서 다양한 시도를 했다. VMD 전략에 따라 태피스트리를 크게 제작하거나, 마네킹에 옷을 코디하여 입히거나, 매장 내부 통로를 넓혀 보았다. 하지만 기존 매장과 가장 큰 차이는 상품의 가짓수가 많고, 판매 효율은 눈에 띄게 떨어진다는 점이었다.

지금까지 소매업 기업들은 대형점을 오픈하고 나면 판매 효율이 떨어져 실패하고 철수하는 경우가 많았다.
매장 면적을 넓힌 만큼 임대료를 비롯한 경비는 더 많이 들지만 정작 매출은 그만큼 오르지 않기 때문이다.
표준점은 매장 면적이 200평이고 대형점은 500평이므로 단순히 계산하면 2.5배의 매출을 올려야 한다.
하지만 실제 판매 효율은 그에 한참 못 미쳤다.

결국 대형 매장에 적합한 상품 가짓수를 늘 고민해야 한다.

참고로 2008년 8월 결산기의 연간 제곱미터당 매출은 전체 매장의 평균이 88만 5000엔인 데 반해 대형점의 평균은 76만 2000엔이었다. 소매업의 일반적인 '월평균 효율'을 보면 전체 매장 평균이 24만 3000엔, 대형점 평균은 21만 엔이다. 의류소매업의 전국 평균과 비교하면 유니클로 대형점의 효율이 압도적으로 높지만 개선할 부분은 여전히 많다.

대형점은 인원 운영의 효율도 눈에 띄게 떨어진다. 표준점은 수십 명의 점원으로 돌아가지만 대형 매장에는 200명도 넘게 필요하다. 심하면 점원 수가 표준점의 세 배나 되는 경우도 있다. 매장 관리도 점장 혼자서는 어려우므로 별도의 관리 직원이 필요해진다. 매출이 두 배 올라도 인건비가 세 배 더 든다면 무시할 수 없는 문제다.

상식을 우선 의심하라

대형 매장이라도 한 층만 쓰면 효율적으로 인원을 배치할 수 있고, 무전기를 이용하여 급할 때 서로 호출해서 지원할 수 있다. 하지만 3층이나 4층짜리 매장은 경우가 다르다.

일반적으로 매장이 3층이면 층마다 매니저를 두려 할 것이다. 하지만 '상식적'으로 생각하는 것 자체가 문제다. 상식대로 하니까 관리자가 세 명이나 필요하고 인건비가 늘어 효율성이 떨어진다. 또한 각 층에 매니저를 두면 자기가 담당한 곳만 관리하려 하는 문제점도 생긴다.

결국 매장이 3층으로 나뉘어 있어도 하나의 매장이라고 생각하고 관리 감독하면 된다. 엄청난 규모의 대형점이 아닌 이상 점장은 한 사람으로 충분하다.

무슨 일이든 상식적인 사고방식은 우선 의심해 봐야 한다. 그것이 정말 옳은지, 합리적인지 자신의 머리로 생각해야 한다.

유니클로의 보물산

대형 매장의 출점 장소를 찾다 보면 현실적으로 마땅한 곳을 구하기가 참 어렵다.
게다가 유니클로 단독 매장만 구하는 건 문제가 더 복잡해서 상당한 시간이 걸린다. 자칫 출점 자체가 어려워질 수도 있다. 그렇다면 아예 상업용 빌딩이나 쇼핑센터 전체를 빌리면 되지 않을까 생각했고, 그 결과 상업시설 개발에 도전하게 되었다.

패스트 리테일링은 2005년 10월 우리 회사 최초의 상업시설인 '미나텐진'을 완성했다. 후쿠오카 도심의 빌딩 하나를 통째로 임대해서 수리한 뒤 지상 8층과 지하 1층으로 구성된 매장 중 두 개 층을 유니클로가 사용했다. 나머지 층에는 여성 브랜드 의류, 신사복, 잡화와 드러그 스토어 등 여러 업종의 소매점을 입점시켰다.

상업시설의 명칭인 ‘미나’는 스페인어로 ‘보물산’이라는 뜻으로 현재 패스트 리테일링의 미나 개발 사업은 후쿠오카의 텐진 외에도 지바의 스다누마, 교토, 그리고 도쿄의 마치다에서 한창 진행 중이다.

이 개발 사업도 다른 신규 사업과 마찬가지로 당초 예상한 대로 잘되지는 않았다. 입주한 모든 점포의 매출이 좋지 않으면 우리 회사의 실적도 오르지 않기 때문이다.
처음에는 유니클로가 건물의 2층과 3층으로 들어갔다.
그런데 다른 점포의 매출이 영 오르지 않아 유니클로가 5층과 6층으로 자리를 옮겼다. 다른 점포에 조건이 좋은 2층과 3층을 양보하고 유니클로는 영업에 좀 더 불리한 장소로 옮긴 것이다. 우리 회사가 돈을 벌려면 다른 점포가 유니클로 이상으로 장사를 잘해주면 좋겠는데,
현재는 오히려 유니클로에 손해를 끼치고 있어서 본말이 전도된 상태라고 할 수 있다.

상업시설 개발 사업은 아직 기업 유치나 상업 빌딩 운영의 노하우가 축적되지 못했으므로 조금 더 긴 안목으로 지켜보고 싶다.

2007년 신년 메일

돈을 벌자

올해 우리 회사의 표어는 '돈을 벌자'입니다.
먼저 제가 들은 일화를 소개해 드리고 싶습니다.
오래전에 일본 맥도날드를 창업한 전설의 기업가 후지타 덴이 마쓰시타 전기의 창업자이자 경영의 신으로 불리는 마쓰시타 고노스케 회장을 찾아갔습니다. 그는 마쓰시타 회장에게 어떻게 하면 경영을 잘할 수 있는지 조언을 구했습니다.
마쓰시타 회장은 주저 없이 답했습니다.
"그야 돈을 버는 거지!"
저는 이 이야기를 듣고 역시 경영의 신은 다르다고 감탄했습니다.

다음으로 우리 회사의 작년 한 해를 돌아보고자 합니다.
2006년은 교외의 표준형 매장을 전국으로 확대하면서 '저가의 베이직 의류를 파는 유니클로'의 다음 단계로 나아가고자 애쓴 한 해였습니다.

언제 어디서든, 누구라도 살 수 있는 유니클로로 다시 태어나게 될 가능성이 분명히 보였습니다. 일본을 대표하는 대형 글로벌 브랜드로서 에이치앤엠과 자라, 갭과 나란히 세계 시장에서 경쟁하게 되었습니다.

전국 곳곳에 유니클로의 대형 매장을 열었습니다.

대형 매장의 성장 가능성이 더 분명해졌습니다.

대형 매장은 유니클로의 거대한 성장 엔진 중 하나입니다.

다만 지금보다 효율을 더 높이지 않으면 지속적인 성장 확대는 불가능합니다. 매장을 대형화하는 이유는 당연히 효율을 높이고 고객을 더욱 만족시키는 동시에 수익을 올리기 위해서입니다.

우리 회사의 미래는 뉴욕 플래그십 매장에서 거둔 성공이 보여주고 있습니다. 뉴욕의 소호 지구에 1000평짜리 세계 최대, 최신, 최고의 유니클로 매장이 문을 열었습니다. 이 매장의 성공으로 유니클로의 제품이 세계에 통한다는 확신이 생겼습니다. 그 중심에는 지금까지 어디에서도 팔지 않았던 베이직 의류가 있습니다. 정성을 다해 만들었기에 뛰어난 품질을 자랑하며, 입었을 때 멋진 스타일이 완성되는 세계 최고의 베이직 의류입니다.

같은 시기에 홍콩과 상하이에도 대형 매장을 오픈해서 대성공을 거두었습니다.

다음으로 스키니진의 성공과 품절 대란을 살펴보겠습니다.
패션을 앞서나간 스키니진이 성공하자 젊은 여성 고객들이 유니클로 매장으로 다시 돌아왔습니다.
반면에 중장년 고객층은 놓치고 말았습니다. 특히 연배가 있는 남성층이 크게 이탈했습니다.
이 과정에서 현재 상황에 대한 철저한 인식과 상품계획, 사전 준비와 실행 절차 및 사내 연계체제를 둘러싸고 해결할 과제가 많이 남았습니다.

관련 사업으로는 콩투아 데 코토니에를 100% 자회사로 만들었고 콩투아 데 코토니에 재팬을 설립했습니다. 프랑스에도 에프알 프랑스를 설립해서 프린세스 탐탐과 콩투아 데 코토니에의 경영 기반을 강화했습니다. 콩투아 데 코토니에는 매출과 수익 모두 최고 수준입니다. 프린세스 탐탐도 순조롭게 매출이 오르고 있습니다.

여성복 체인 캐빈과 여성화 체인 뷰컴퍼니의 경영권을 취득했습니다.

가을에는 저가 캐주얼 체인점인 GU를 설립했습니다.

기존에 운영하던 신발소매업 회사 원존은 재도약을 준비하고 있습니다.

이탈리아의 트래디셔널 브랜드인 아스페지 재팬은 다시 한번 백화점 매장을 리뉴얼할 예정입니다.

유니클로의 해외 사업으로 눈을 돌려보겠습니다.

미국 유니클로는 수익을 대폭 개선해야 합니다.

영국 유니클로는 대폭적인 회복 조짐이 보입니다.

홍콩 유니클로는 2호점을 오픈해서 대박 행진 중입니다.

중국 유니클로는 강후이점 및 푸둥 신구에 출점한 아시아 최대 규모의 매장이 성공했습니다. 중국에서 유니클로가 성장할 수 있는 발판이 마련된 것입니다.

한국 유니클로는 순조롭게 매장 수를 늘려가는 중입니다.

우리 회사는 2010년 매출 1조 엔과 경상이익 1500억 엔을 목표로 하고 있습니다. 그것이 세계 시장에서 싸울 수 있는 최소한의 규모이기 때문입니다.

이 계획에서 중요한 점은 매출 규모가 아니라 세계에서 경쟁할 수 있는 고수익 기업이 되는 것입니다. 이제 우리의 상대는 자라, 에이치앤엠, 갭과 같은 세계적 강호들입니다. 규모는 그들에 미치지 못하지만 적어도 판매 효율과 수익성만큼은 반드시 앞서야 합니다.

상품의 독자적인 위치는 당연한 것입니다. 중요한 것은 사업의 효율성과 수익성입니다.

어떤 규모의 기업과 경쟁하더라도 효율성과 수익성을 이기지 못하면 세계 1위는 할 수 없습니다.

경영이란 인간이 창의적 발상으로 모순을 해결하는 과정입니다.

또한 최소한의 비용과 시간으로 최대의 효과를 올리기 위해 애쓰는 일, 그것이 경영입니다.

우리 회사는 글로벌화, 그룹화, 재벤처화를 위해 노력하고 있습니다.

다시 말해 회사의 모든 것을 바꾸고자 사업의 구조개혁에 힘쓰는 중입니다.
그 과정에서 '돈을 버는 일'의 중요성을 소홀히 하고 있습니다.
성장과 팽창은 근본적으로 다릅니다. 성장은 내실 있게 커가는 것입니다. 따라서 판매 효율성과 수익성을 규모가 커짐에 따라 개선해 나가겠습니다.

단순한 팽창은 기업을 죽음에 이르게 하는 병입니다.
당연한 일이지만 돈을 못 버는 회사는 살아남을 수 없습니다.
특히 상장기업의 경우, 이미 회사는 시장에 상품으로 진열된 상태입니다.
시장에서 상품으로서 회사가 지닌 매력은 성장성과 수익성이 전부입니다.

현재 유니클로의 전반적인 사업은 수익에 전혀 보탬이 되지 않고 있습니다. 대부분 수익과 매출이라는 양쪽 바퀴가 움직이지 않는 상태입니다.
그래도 해외 사업은 가까스로 매출이라는 한쪽 바퀴가 돌아가기 시작했습니다.

하지만 수익의 바퀴는 여전히 꿈쩍도 하지 않습니다.
장대비가 쏟아붓던 해외 사업은 홍콩과 상하이, 뉴욕의 대형 매장이 성공하면서 한 줄기 햇살이 비치는 것 같습니다.

국내 유니클로 사업을 보면 매출은 간신히 회복했지만 수익은 여전히 아쉬운 상태입니다.
매출이 오르는데도 수익이 떨어진다면 최악의 상황입니다. 왜냐하면 전 직원의 노력이 보답받지 못한다는 말이기 때문입니다.
다시 말해 자원과 노력을 낭비한 꼴입니다.

팽창은 파탄의 원인이 됩니다. 창의적으로 고민하고, 생각하고, 또 생각하고, 나아가 끝까지 생각해서 완수하는 것, 저비용 경영이나 비용과 효과의 검증과 같은 수익에 대한 집념이 턱없이 부족합니다.
결과적으로 우리는 지금 성장하는 것이 아니라 단순히 몸집만 키우고 있습니다.
지금 시행하는 사업과 일상적인 업무가 효율성이 있는지, 수익이 오르는지, 이런 관점에서 항상 확인해야 합니다.

일본 시장 환경은 기본적으로 나빠지기는 해도 좋아지는 일은 없습니다.
하지만 세계적인 관점에서 보면 우리 비즈니스의 미래는 장밋빛입니다. 좋은 기업은 점점 더 규모를 확대하며 높은 수익을 올리고 있습니다.
이는 세계 시장이 넓어지고 있기 때문입니다. 지금까지의 시장이 미국과 일본, 유럽 중심이었다면 앞으로는 중국과 아시아 국가들, 인도, 러시아, 중남미 국가들, 동유럽 국가들이 성장할 것입니다. 수요는 그야말로 무한대입니다.
하지만 낡은 일본식 사고에 갇혀 있으면 깊은 나락에 빠질 뿐입니다.

사업에서 패배는 죽음을 의미합니다.
현실을 직시하고 이상을 추구하며 스스로 생각하고, 생각하고, 또 생각해서 철저히 실행해 나가지 않으면 우리에게 미래는 없습니다. 부디 모든 직원의 힘을 모아 빛나는 미래를 우리 것으로 만들어갑시다.

2008년 신년 메일

No Challenge No Future

올해의 표어는 'No Challenge No Future', 즉 '도전하지 않는 인생은 인생이 아니다'로 정했습니다.

작년 한 해 유니클로는 9월이 되어 재기할 때까지 무척 힘들었습니다. 하지만 10월 이후 모든 직원의 헌신적인 노력과 매장의 운영 감각이 되살아난 덕분에 무사히 해를 넘겼습니다. 정말 감사드립니다.
고맙게도 요즘 일본 의류소매업계에서 유니클로만 '나홀로 승승장구한다'는 이야기를 자주 듣습니다. 하지만 내부적으로는 사내에 만연한 대기업병을 퇴치하고 글로벌 시장에 도전하느라, 또 그룹의 자회사를 재생시키느라 매일같이 악전고투하고 있습니다.

작년에는 유니클로 청바지가 이슈가 되었고, 히트텍 역시 대유행을 일으켰습니다. 또 런던의 플래그십 매장이 문을 열었으며 파리 시민의 반응을 살피기 위한 안테나숍도 큰 인기를 끌었습니다. 뉴욕의 매장도 이제 흑자로 돌아서서 세계를 향한 플래그십 매장으로서 제 몫을 톡톡히 해내고 있습니다. 중국과 한국 사업은 궤도에 올라 본격적인 매장 확대를 위해 박차를 가하고 있습니다. 파리의 콩투아 데 코토니에와 프린세스 탐탐은 지역 기업 체질에서 벗어나 글로벌 기업으로 변신해서 본격적으로 사업을 추진해 나갈 것입니다. 그룹 자회사 네 곳의 재생사업, 즉 원존과 뷰컴퍼니, GU, 캐빈에 관해서는 사업 기능과 회사 경영 자체를 통합하고, 유니클로와의 연계까지 염두에 두고 제가 직접 진두지휘하며 재건하는 중입니다. 나아가 저는 유니클로의 영업과 상품, 생산본부장으로 취임해서 여러분과 함께 회사 전체의 개혁 작업을 완수할 생각입니다.

요즘 뼈저리게 느끼는 사실이 하나 있습니다.
실적이 부진한 사업들은 원인이 모두 같다는 점입니다.
우선 경영자부터가 내일을 내다보지 못하고 오늘 일만 생각합니다. 회사의 윗사람부터 평사원까지 하나같이 패기 없이 타성에 젖어 일하고 있습니다. 문제가 생기면 늘 남 탓만 하는 부정적인 사고에 갇혀 있습니다. 한마디로 포부, 즉 자기 사업과 일에 대한 야망이 없는 상태입니다.

올해는 'Change or Die', 죽을 각오로 혁신하겠습니다.

혁신의 목적은 나이키와 갭이 미국을 대표하고, 자라와 에이치앤엠이 유럽을 대표하는 브랜드가 된 것처럼, 유니클로를 일본과 아시아를 대표하는 브랜드로 만드는 것입니다. 그 목표를 달성하기 위해 모두의 의식에 대변혁이 필요합니다.

그래서 여러분께 감히 묻습니다.

여러분은 정말 자신의 미래, 자신의 일, 자신의 회사, 자신의 매장, 자신의 상품에 포부를 가지고 있습니까?

자신의 일, 자신의 부서, 자신의 상품, 자신의 매장, 자신의 사업을 이상적인 일과 이상적인 부서, 이상적인 상품, 이상적인 매장, 이상적인 사업으로 만들겠다고 굳게 결심해 주시기 바랍니다.

아직 포부가 없는 분은 반드시 큰 포부를 가슴에 품어주시기 바랍니다. 또 포부가 약해진 사람은 이번 기회에 다시 한번 일깨워 주십시오.

저는 처음 창업했을 때부터 사업을 통해 제가 원하는 이상을 추구했습니다. 그 열정으로 현실의 비즈니스에서 악전고투해 왔습니다. 성과는 여전히 부족하지만 24년 만에 일본을 대표하는 회사를 만들었습니다.

작년부터 저는 유니클로 관련 사업의 모든 경영 실무를 철저히 살피고 있습니다.
안타깝게도 유니클로 관련 사업의 경영이 착실히 이루어지지 못한 탓에 작년 연초에 말씀드렸던 '돈을 벌자'에는 한참 못 미치고 있습니다.

저는 결심했습니다.
지금 우리는 미래의 패스트 리테일링을 1조 엔에 인수했습니다.
그 전제 조건으로 미래의 성장과 그룹 전체의 수익 향상을 위해 무엇을 해야 할지를 매일 생각하고 실행해 나가기로 결심했습니다.

유니클로 관련 사업에 종사하는 모든 직원에게 다시 한번 부탁드립니다. 여러분의 일에 열정을 가져주십시오.

냉소적인 생각, 보고를 위한 보고, 형식적인 업무는 그만두기 바랍니다.

특히 상사들에게 부탁드립니다. 여러분이 먼저 누구에게도 지지 않을 열정을 지니십시오. 모든 부하 직원에게 한 사람도 빠짐없이 경영자 마인드로 열정적으로 일할 것을 요구해 주시기 바랍니다.

동시에 적극적으로 팀워크를 키우십시오.

팀워크가 없으면 아무 일도 해낼 수 없습니다.

업무가 정체되는 이유의 대부분은 여러분의 팀워크가 약해졌기 때문입니다.

나아가 업무의 목표 달성 수준을 높여주십시오.

일을 제대로 못하는 사람은 목표도 높지 않습니다.

높은 목표도 가지지 못하는 사람이 하는 일은 세계에서 통하지 않습니다. 그는 성장하지도 못합니다. 매일 타성에 젖어 일하는 사람과 매일 새롭게 자신의 한계에 도전하는 사람은 하늘과 땅만큼 차이가 큽니다.

다시 한번 가슴이 뛰는 매장, 상품, 회사, 일을 만듭시다.
그러기 위해서는 무엇을 해야 합니까?
미래의 꿈을 실현하기 위해 온 힘을 다하고 있습니까?
우리 패스트 리테일링의 모두는 무엇을 위해 존재합니까?

우리는 정말 좋은 옷, 지금까지 없던 새로운 가치를 지닌 옷을 전 세계 모든 사람에게 제공하기 위해 존재합니다.
나아가 스스로 이 산업에서 혁신을 일으키고 사회를 더 나은 방향으로 이끌기 위해 존재합니다.

어떤 일이든 일상의 업무는 도전의 연속입니다.
도전이 없는 일은 일이 아닙니다.
도전이 없는 인생은 인생이 아닙니다.
섬유의 역사, 옷의 역사, 소매업의 역사를 다시 쓸 수 있는 획기적인 상품과 회사를 만들어냅시다.
우리는 그런 사람들의 집단이 되고 싶습니다.
우리 패스트 리테일링의 모토는 '옷을 바꾸고, 상식을 바꾸고, 세계를 바꿔 나간다'입니다.

정말로 진지하게 생각해서, 그 결과 우리의 손으로 변화를 일으키고, 그 변화 속으로 온몸을 던질 각오가 필요합니다.

마지막으로 한 말씀 드리겠습니다.

'No Risk No Profit'

성공은 위험을 무릅쓴 사람에게만 찾아옵니다.

"옷을 바꾸고, 상식을 바꾸고,

세계를 바꿔 나간다."

4장

세계를 상대로 싸우기 위해

어떤 제품이든 늘 그래 왔다. "이 상품은 안 팔리네" 하고

논의를 끝내면 더 진전을 이룰 수 없다.

대박 상품인 히트텍 때를 생각해 봐도 그렇고, 브라탑 때도 그랬다.

상품과 판매 방법을 개선할 길은 얼마든지 있다.

잘 팔릴 때까지 시행착오를 되풀이하면 되는 것이다.

롯데와 손잡고 한국 시장 진출

2005년 9월에는 한국 시장에 진출했다. 현지의 롯데 기업과 손잡고 롯데백화점 내부에 유니클로 매장을 열었다.

자세히 설명하면 2004년 12월에 한국의 롯데쇼핑과 함께 합병회사인 에프알엘(FRL)코리아 주식회사를 설립했다. 개업 준비를 마친 뒤 롯데백화점과 롯데마트 내부에 매장 세 곳을 동시에 오픈했다.

한국에는 아직 반일 감정이 남아 있어서 우리가 독자적으로 진출해서 빠른 속도로 매장을 확대하기는 어려웠다. 한국의 탄탄한 자본기업과 손을 잡아야 한다고 생각했다. 그렇게 한국 소매업 1위 기업인 롯데와 함께하게 된 것이다.

2007년 12월에는 한국 최초의 유니클로 대형점이 서울의 최대 쇼핑가인 명동에서 문을 열었다.
매장 면적만 700평이 넘는 이 점포는 한국에 있는 유니클로 중 최대 규모다. 아시아 지역에서도 상하이의 정대광장점과 어깨를 나란히 하는 가장 큰 매장 중 하나다.
1호점 오픈 이후 착실하게 성장해 온 한국 유니클로의 18번째 매장이다. 이 대형 매장은 한국 내에서 유니클로의 인지도를 높이고 새롭게 성장할 수 있는 발판이 되었다.
그 이후로도 2009년 6월 말까지 한국에 30여 개 매장을 열었고 대부분 순조롭게 성장하고 있다.

성장이 기대되는
아시아 시장

다른 아시아 국가에서도 한국과 마찬가지로 현지 자본기업과 연계해서 출점에 성공했다. 2008년 8월 윙타이 리테일과 합병해서 유니클로 싱가포르 프라이빗 리미티드를 설립했다. 그리고 다음 해 4월에는 싱가포르 1호점인 템피니스 매장을 오픈했다.

윙타이는 홍콩 의류 제조업체로 우리 회사에 청바지를 납품하던 주요 거래처였다. 싱가포르 건국 당시 윙타이의 창업자인 부친의 권유로 아들 중 한 명이 싱가포르에서 사업을 시작했다. 그 사람이 홍콩에 있는 형제를 통해 '우리와 같이 싱가포르에서 유니클로 사업을 하지 않겠냐'고 제안해 왔다. 지금 거래하는 홍콩 기업의 경영자가 상당히 신뢰할 만한 인물이었으므로 만나서 바로 합병을 결정지었다.

싱가포르는 시장은 작지만 전 세계 관광객이 모여드는 곳이며, 세계의 금융 허브로 자리 잡기 위해 정부와 기업들이 한 몸이 되어 노력하는 드문 국가다. 화교가 만든 정당이 사실상 일당 독재로 통치하는 국가지만 중국계, 말레이시아계, 인도계, 백인계의 다양한 인종으로 구성된 다민족국가다. 좁은 국토로 인해 주거 건물을 지을 때도 인종 간 다툼을 방지하려고 인종별 구성 비율을 지키면서 입주자를 정한다고 한다. 초대 총리 리콴유가 집권한 이래 국가 원수의 리더십이 강력하고, 국가가 지향하는 방침과 방향성이 명확해서 국가 운영이 원활해진 느낌이다. 유능한 사업가가 국가라는 회사를 경영하는 듯했다.

이런 이야기를 들은 적이 있다. 덩샤오핑이 중국에서 개방정책을 시행하기 전에 싱가포르를 방문했다. 덩샤오핑은 리콴유와 이야기를 나누던 중 사소한 말다툼이 빌미가 되어 대판 싸우고 헤어졌다고 한다. 하지만 다음 날, 덩샤오핑은 국가를 운영하는 법을 한 수 가르쳐달라며 다시 찾아왔다고 한다. 그 결과 중국의 개방정책은 싱가포르를 모델로 만들어졌고, 지금도 중국의 정부 요직에 있는 사람들은 싱가포르로 연수를 온다고 한다. 일본도 꼭 본받았으면 하는 점이다.

싱가포르는 행정과 비즈니스가 거의 함께 움직이는 국가다. 따라서 우리 회사가 단독으로 진출하기보다 현지의 유력 기업과 합병하는 편이 앞으로 매장 확대에 유리하게 작용할 것으로 보았다.
2009년 8월, 싱가포르의 쇼핑 중심지인 오차드 로드에 유니클로 2호점을 개점했다. 1호점은 210평이었고, 랜드마크인 아이언몰 안에 위치한 2호점은 230평 규모의 매장이다. 10월에 문을 열 3호점은 500평 규모의 대형점으로 만들 예정이다.
1호점은 개업 후 열흘 연속 입장을 제한할 정도로 성황을 이루었다. 이후로도 매출이 호조세여서 2호점과 3호점도 기대하고 있다. 싱가포르는 일 년 내내 따뜻한 날씨라서 유니클로로서는 처음 경험하는 영업 환경이다. 가을과 겨울 옷의 수요는 아직 알 수 없다.

유니클로에게 아시아는 미래 성장 가능성이 큰 유망 시장이다. 중국과 한국, 싱가포르의 출점에 이어

말레이시아, 필리핀, 태국, 인도네시아, 베트남에도
적극적으로 진출할 예정이다.

뉴욕에서
매장의 본질을 이해하다

2004년 11월, 당시 부사장이던 도마에를 대표로 해서
미국 유니클로를 설립하고 다음 해인 2005년 9월부터
10월에 걸쳐 매장 세 곳을 차례로 오픈했다.
멘로파크몰, 로커웨이 타운스퀘어, 프리홀드
레이스웨이몰이라는 뉴저지의 쇼핑몰 안에 점포를 열었다.
매장 면적은 각각 217평, 151평, 223평으로 일본의
표준점과 거의 같은 크기였다.

현지 사람들은 처음 보는 외국 브랜드 상점이 들어왔다고
생각했을 것이다. 일본으로 따지면 이름도 모르고 광고도
본 적 없는 외국 브랜드가 도쿄 외곽의 쇼핑센터에 매장을
낸 셈이다.
미국에서는 유니클로 자체의 인지도가 거의 없다시피
해서 고객이 매장에 찾아오는 일도 드물었다.

당연히 상품은 팔리지 않았고, 우리는 쌓인 재고를
처분해야 했다.
재고 처분을 위해 임시 점포를 찾다가 뉴욕의 소호
지구에 80평짜리 점포를 발견했다. 그곳에서 재고품을
판매했는데 놀랍게도 매장 세 곳에서 영업할 때보다 더 잘
팔렸다. 당시 매장은 내부 인테리어도 하지 않고 임대한
상태 그대로였다. 진열대를 들고 가서 상품을 늘어놓았을
뿐이었다. 매장의 본질은 그런 모습일지도 모르겠다.

소호 지구의 경험에서 역시 사람들이 모이는 대도시,
특히 패션에 관심이 많은 세련된 사람들이 많은 장소에서
상품을 팔아야 한다는 사실을 깨달았다. 이왕 뉴욕에서
장사를 할 거라면 소호에서 해야겠다고 마음먹었다.
이후 소호에서 대형 매장을 열 만한 장소를 찾아서 2006년
11월에 유니클로 사상 최대 규모인 1000평짜리 플래그십
매장을 오픈했다.

뉴욕 시민들에게 유니클로라는 브랜드를 알리기 위해
플래그십 매장의 오픈 홍보를 치밀하게 기획했다.
일본을 대표하는 34명의 아티스트와 함께 티셔츠

프로젝트를 시행했고, 유명 음악가 다나카 도모유키가 선곡한 유니클로 오리지널 CD를 발매했다. 또 매장을 열기 두 달 전인 9월부터 맨해튼 곳곳에 컨테이너 팝업 스토어를 운영했다. 그리고 뉴욕을 대표하는 아트 디렉터 마르쿠스 키어슈탄을 편집장으로 맞이해 최고의 크리에이터들이 참가한 프리 매거진《유니클로 페이퍼》도 배포했다. 소호점의 오픈 모습을 실시간으로 웹사이트에 방송하고 다양한 활동을 펼쳤다. 특히 컨테이너 팝업 스토어는 거리를 지나는 뉴요커들을 놀라게 했고 큰 호평을 받았다.

미국에 처음 출점한 매장 세 곳은 매출이 전혀 오르지 않아 서서히 폐점 절차를 밟았다. 현재 미국의 유니클로 매장은 소호점뿐이다.
글로벌 플래그십 매장인 소호점은 점포 단독으로는 흑자를 기록하고 있다. 이곳을 거점으로 적절한 시기가 오면 다시 미국에 매장을 확대해 나가려고 한다. (2024년 4월 기준, 유니클로는 북미 지역에 74개의 매장을 운영하고 있으며, 2027년까지 북미 매장을 200개로 늘리겠다는 포부를 밝혔다. – 옮긴이 주)

선입견이 장사를 방해한다

미국인은 미국인만의 수요가 있으니 그에 맞는 상품을 기획해야 한다고 생각했다. 그렇게 사이즈와 색상, 패션 취향까지 고려해서 제품을 개발했지만 결과는 늘 실패였다.
선입견 때문에 본질을 보지 못한 것이다.

일본이건 미국이건 세계 어디서나 유니클로가 잘하는 부분을 확실히 어필해서 고객들이 찾아오는 매장을 만들어야 한다. 지금은 그 편이 사업에 훨씬 더 도움이 된다는 걸 느끼고 있다.

어느 회의에서 상품기획 담당자끼리 이런 이야기를 하고 있었다.
"해외에서는 스웨트 상하의 세트가 전혀 안 팔립니다."

"위아래가 같은 색이라서 안 팔리는 거 아닐까요?"
그 자리에 있던 직원 대부분이 고개를 끄덕였다.

결국 '상하의가 같은 색이면 팔리지 않는다'는 선입견 때문에 논의는 이어지지 못했고 회의는 끝이 났다.
하지만 이래서는 아무것도 할 수 없다.
만일 상하의가 같은 색이라서 팔리지 않는다면 따로따로 팔면 된다. 상하의 세트가 1990엔이면 상의 990엔, 하의 990엔으로 나누어 팔고 다른 색을 조합해서 살 수 있게 하면 된다. 그런 측면까지 생각하고 실행에 나서야 하는 것이다. 아니면 상하의 세트를 한꺼번에 몇 세트 사서 다른 색과 조합해서 입는 발상도 제안할 수 있다.

어떤 제품이든 늘 그래 왔다. "이 상품은 안 팔리네" 하고 논의를 끝내면 더 진전을 이룰 수 없다. 대박 상품인 히트텍 때를 생각해 봐도 그렇고, 브라탑 때도 그랬다.
어떻게 해야 더 잘 팔릴지 고민하면서 상품과 판매 방법을 개선할 길은 얼마든지 있다.
잘 팔릴 때까지 시행착오를 되풀이하면 되는 것이다.

가장 함께 일하기 힘든 부류는 처음부터 자기 생각이나 개념에서 조금이라도 어긋나는 제품은 팔고 싶지 않다는 사람이다. 이런 사람은 히트텍 같은 속옷류는 스포츠용품점에서 팔면 된다거나 우리 같은 패션 브랜드에는 어울리지 않는 상품이니 회사 이미지까지 떨어진다고 고집을 피운다. 그렇게 생각하기 때문에 비즈니스를 확장시키지 못하는 것이다. 자기 생각이 언제나 옳을 수는 없다.

현재는 속옷을 주로 취급하는 매장에서 스웨트 상하의를 각각 판매하며 세트로 구매하는 경우에는 가격을 500엔 할인해 주고 있다. 판매 실적이 좋아서 앞으로는 해외 매장에도 적용할 예정이다.

저가 캐주얼 브랜드 GU

유니클로의 핵심 상품은 기능성 소재로 부가가치를 더한 베이직 캐주얼 의류다. 우리는 유니클로보다 더 저렴한 가격의 캐주얼 의류를 판매하는 주식회사 GU를 2006년 3월에 설립했다. 유니클로가 더 이상 저가격을 고집하지 않고 '고품질' 상품을 최우선으로 개발하게 되었으므로 그 빈자리를 채울 기업이 있어도 좋겠다고 생각했기 때문이다. GU는 본격적으로 저가격을 무기로 시장에 진출했다. 다행히 어디에도 강력한 경쟁 상대가 없었다. GU의 지상 과제는 한마디로 '놀라울 정도의 싼 가격'이다. 당시 제휴했던 전국 슈퍼마켓 체인 다이에 매장을 중심으로 출점을 진행했다. 당초 목표는 '5년 안에 200점포, 매출 1000억 엔 달성'으로 삼았다.

한때 저가 판매의 대표 주자였던 다이에는 오랫동안

실적이 나빴다. 결국 2004년 12월에는 기업 회생 신청을 하게 되었다. 다이에를 돕기 위해 우리 회사도 이토요카도와 손을 잡고 회생 파트너로 참여하기로 했다.

하지만 우선 협상 파트너로 마루베니와 어드밴티지 파트너스가 결정되었고 하야시 후미코 회장과 히구치 야스유키 사장 체제로 난국을 극복해 나갔다.

히구치 사장은 이전에 일본 휴렛 팩커드의 사장을 역임했는데, 그때부터 인연이 있었기에 다이에 점포 내에 출점하고 싶다고 부탁하러 갔다. 다이에 측도 의류 제품 라인을 강화하려던 참이어서 수월하게 합의할 수 있었다. 2006년 10월에 지바현의 다이에 미나미교토쿠점 내부에 GU 1호점을 오픈했다.

오픈 당시는 화제가 되어서 조금 팔렸지만 막상 뚜껑을 열어보니 2기 연속 적자가 났다. 점포 수도 2년이 지났는데 60개 남짓이었다. 상품이 전혀 팔리지 않았다. 비용을 많이 들이지 않는 사업인 만큼 목표치도 꽤 낮게 설정했는데 그조차도 맞추지 못했다. 매장들이 힘을 전혀 쓰지 못했다는 이야기다.

처음 오픈했을 때는 화제가 되었지만 오래가지 못했고, 고객들에게 새로운 정보를 지속적으로 발신하지 못해서 고객들이 GU라는 브랜드를 인지하지 못했다.

시장 안에서 브랜드가 자리를 잡지 못하면 사업을 지속할 수 없다. 다이에 자체의 실적도 계속 떨어지고 있었고 히구치 사장은 자신의 의사가 관철되지 않는다는 등의 여러 이유로 2006년 말에 다이에를 떠났다.

왜 990엔짜리 청바지였는가

이대로는 안 되겠다 싶어 고심 끝에 내세운 전략이
990엔짜리 청바지였다.
당시 우리가 판매하는 청바지의 가격은 유니클로가
3990엔, GU가 1990엔이었다.

GU의 회의에 참석했을 때 담당자가 "가격을 더 내려서
1490엔짜리 청바지를 팔겠습니다"라고 했다.
나는 "그 정도로는 안 통해. 어차피 할 거면 시원하게
990엔은 어때?" 하고 물었다. 불경기 속에 고객들은 깜짝
놀랄 만한 가격이 아니면 눈길도 주지 않을 것이라고
생각했기 때문이다.

흔히 앞서가는 기업가가 유행을 창조한다거나 고객의
심리를 만들어낸다고 하지만 그런 일은 있을 수 없다.

고객의 심리를 바꿀 수 있다는 건 얼토당토않은 이야기다.
중요한 것은 고객의 심리 상태에 맞춰서 상품을
만들어내는 일이다.

'고객의 심리 상태에 맞춰서'라는 것은 고객의 입장이
되어 그 마음을 '상상한다'는 뜻이다.
그 실제 사례가 GU의 990엔짜리 청바지였다.
불경기가 이어지고 있으니 고객들은 아마 저렴한 상품을
원할 것이다. 그렇다면 지금껏 상상도 할 수 없었을 만큼
싼 청바지는 얼마여야 할까? 그건 아마 990엔일 것이다.
그 정도면 다들 놀라서 사러 가자고 하지 않을까?
고객의 심리를 이해한다는 건 바로 이런 것이다.

상식적으로 원가와 이윤을 생각하면 '적어도 1990엔에는
팔아야 한다'고 할 것이다. 아니나 다를까 우리 회사가
계획을 발표한 다음 날, 경쟁사에서 1490엔짜리 청바지를
발매했다. 하지만 그렇게 해서는 효과가 없다. 1490엔이든
1990엔이든 고객이 느끼는 임팩트는 별 차이가 없다.
단돈 1000엔도 안 되는 990엔 정도는 되어야 한다.
고객은 놀랄 만한 수준이 아니면 매장을 찾지 않는다.

다시 말해 고객의 기대를 뛰어넘는 제품, 세련된 디자인과 우수한 품질에 가성비까지 뛰어난 제품이 아니면 효과가 없는 것이다.

GU는 2008년 9월에 그룹의 다른 자회사 두 곳과 경영을 통합해서 GOV 리테일링이 되었다. 그렇게 생산관리 등을 유니클로와 공동으로 진행할 수 있도록 체제를 전환했다. 유니클로의 청바지는 일본제 데님을 중국에서 봉제해 만들었지만, GU의 청바지는 중국제의 싼 데님을 캄보디아 공장에서 봉제해 충분히 990엔에 판매가 가능했다.

이렇게 해서 2009년 3월 10일부터 GU 전체 매장에서 990엔 청바지를 팔기 시작했다.
결과는 발매와 동시에 폭발적인 히트를 쳤고 바로 다음 주부터 품절 사태가 벌어졌다. 처음 판매 계획은 50만 장이었으나 바로 100만 장으로 상향해서 수정했다.
무엇보다 이 청바지의 히트로 고객에게 GU를 알릴 수 있게 됐다. 고객이 GU를 알고 매장으로 찾아오게 만들지 않으면 아무 소용이 없다.

이에 자극을 받았는지 종합 슈퍼마켓과 캐주얼 판매 각사에서 저가격 청바지의 발매가 이어졌다. 신문과 잡지가 앞다투어 '저가격 청바지 전쟁에 불이 붙었다'고 쓰기 시작했다. GU는 이 저가 경쟁에서도 살아남아야 한다. 저가 의류는 앞으로도 상당히 수요가 높을 것으로 예측된다. 따라서 판매 가격이 싸도 이익을 낼 수 있는 수익구조로 GU 회사 자체를 바꿔 나가야 한다.

새로운 심벌마크에 담은 의미

2006년 9월 패스트 리테일링은 새로운 심벌마크를
만들기로 했다.

처음에는 패스트 리테일링이 곧 유니클로였지만 서서히
그룹 기업이 늘어나 '패스트 리테일링 = 유니클로 + 그룹
기업'이 되었다.
세계 제일의 의류 소매기업 그룹이 되려면 패스트
리테일링의 구심력이 필요했다. 그러려면 우선 상징성을
띤 새로운 심벌마크가 꼭 필요하다고 느꼈다.
그래서 유니클로의 뉴욕 소호점을 오픈할 때
크리에이티브 디렉터로 일해준 사토 가시와에게 의뢰했다.

기본적으로 기업의 심벌마크에는 회사가 과거에 한 일,
현재 하는 일, 미래에 하려는 일이 연속적으로 나타나야

한다. 패스트 리테일링의 정신적 기반은 '혁신과 도전'으로, 앞으로도 계속 혁신하고 도전해 나갈 것이다. 심벌마크에 이런 의미를 담고자 했다.

새로운 심벌마크는 붉은색의 삼각형 깃발이 오른쪽으로 올라가는 모양이다. 이는 성장을 나타내는 동시에 회사의 독창성을 의미한다. 일상적인 것부터 조금씩 변화시키기 위해 깃발 아래에 전원이 모여 있는 이미지도 떠오른다. 깃발을 구성하는 세 개의 선은 '옷을 바꾸고, 상식을 바꾸고, 세계를 바꿔 나간다'는 패스트 리테일링의 경영 이념과 일치한다. 붉은색은 혁신과 열정, 강함, 자립, 앞서 나감의 이미지를 지닌다.
크리에이티브 디렉터인 사토와 몇 번이고 논의를 거듭한 끝에 납득할 수 있는 마크가 완성되었다.

M&A의 목적과 의의

지금까지는 주로 일본에서 유니클로만 운영해 왔지만 그 외의 의류 시장도 엄청나게 큰 시장이다.
시장점유율로 따지면 우리 회사는 10%도 채 되지 않을 것이다. 따라서 다른 관련 사업에도 진출해 반드시 시장점유율을 올리고 싶다. 가장 좋은 방법은 우리가 직접 사업을 운영하는 동시에 M&A를 통해 기업을 추가로 인수하는 것이다. 인수 대상은 유니클로가 미국과 유럽으로 진출할 때 거점이 될 만한 기업이면 좋겠다고 생각했다.

그래서 2004년 1월에는 뉴욕에서 출발한 브랜드 '시어리'를 출시한 링크 인터내셔널(이하 일본 시어리)에 출자했고, 2005년 5월에는 유럽을 중심으로 '콩투아 데 코토니에' 브랜드를 만든 넬슨 파이낸스를 인수했다.

같은 해 12월에는 프랑스를 중심으로 '프린세스 탐탐' 브랜드를 가진 프티 베이퀼을 인수하고 2006년 2월에 자회사화했다. 그리고 2009년 1월부터 3월까지 실시한 공개 매수로 일본 시어리를 완전 자회사로 만들었다.

우리가 목표로 하는 글로벌 브랜드가 되려면 반드시 뉴욕과 파리에 거점이 있어야 했고, 그 목적에 맞추어 M&A를 시행해 왔다. 우리가 지금 서양에서 이만큼 성장할 수 있었던 가장 큰 이유는 콩투아 데 코토니에와 프린세스 탐탐을 파리에서, 시어리를 뉴욕에서 보유하고 있기 때문이라고 생각한다.

앞으로는 유니클로가 세계로 진출하는 데 발판이 될 만한 기업 중에 수천억 엔 수준으로 매출을 올리는 곳을 미국과 유럽에서 인수하고 싶다. 패션 관련 기업으로 유니클로와 같은 사업을 하고, 기업 자체나 경영 방침, 혹은 사람에 대한 생각이 우리와 비슷한 곳이어야 한다.

현실적으로는 딱 맞는 곳을 찾기가 쉽지는 않다. 내가 M&A를 위해 경영진을 만난 기업 후보만 해도 벌써 100군데는 되지 않을까 싶다. 우리 회사의 M&A 담당자들은 이미 200곳 넘게 살펴본 듯하다.
우리는 M&A 활동을 하고 있기에 동업자나 관련 업종에서 이에 관심이 있다고 하면 대부분 만나러 간다.
우리 회사가 세계적으로 어느 정도 인지도가 생겼기 때문인지 상대방도 우리에게 관심을 가지고 만나준다.
우리가 이름을 알리지 못한 회사였다면 내가 직접 찾아가도 거의 만나주지 않았을 것이다. 그렇게 보면 우리 기업이 이쪽 업계에서는 어느 정도 인사이더로 인정받게 된 듯하다.

외국 언론에서는 경영자가 미래의 꿈이나 기업의 비전과 같은 '빅 픽처'를 이야기하면 상당히 높이 평가해 준다.
M&A가 성사될 때마다 내가 그런 이야기를 하므로 유니클로의 브랜드 이미지가 상대적으로 올라갔고, 세계 시장에서 우리의 존재가 겨우 알려지게 되었다고 생각한다.

바니스는 사지 못해서 행운이었다

우리 회사가 도전한 M&A 중에 크게 화제가 된 사례가 있다. 미국을 대표하는 고급 백화점 '바니스 뉴욕'을 인수하려고 했던 이야기다.
이 백화점은 뉴욕 맨해튼의 본점을 비롯해 베벌리힐스, 시카고, 보스턴 등 각지에 대형 매장을 출점했다.
또 소규모 점포와 아울렛 매장을 포함해 미국 전역에 34개의 매장을 운영하고 있다.

우리 회사 R&D센터의 집행임원 가쓰다 유키히로는 바니스에서 일했던 이력이 있다. 그가 어느 날 '바니스가 아랍 국부 펀드에 팔릴 것 같다'라는 공개정보를 얻고 M&A 담당 집행임원인 교고쿠 야스노부에게 우리도 참여하는 게 어떠냐며 의견을 냈다. 그 뒤 두 사람은 내게 인수를 제안했고 재미있어 보여서 나도 관심을 가진 것이 모든 일의 발단이었다.

마침 시어리는 바니스백화점에 제품을 납품하고 있었고 콩투아 데 코토니에나 프린세스 탐탐의 미국 진출도 염두에 두던 시기였다. 유럽과 일본 브랜드가 뉴욕에 진출하기 위한 최고의 창구라고 생각했다.

바니스는 백화점이라기보다 대형 편집숍에 가깝다. 전 세계의 최고급 브랜드를 선별해 매장에서 판매하는 형태였다. 그들 역시 '코업'이라는 이름으로 SPA 사업을 시작해 보려고 모색 중이었다. 우리는 유니클로의 SPA 생산관리 기술을 활용하면 직접 만드는 것보다 더 빨리 성공할 수 있겠다고 생각했다. 또 그렇게 되면 투자한 금액을 모두 회수할 수 있으리라 예측한 것이다.

이미 2007년 6월 22일에 바니스의 주식을 100% 보유하고 있던 미국 의류 제조업체 존스 어패럴은 두바이 정부가 출자한 투자 펀드 이스티스마르에 바니스의 주식 100%를 약 8억 2500만 달러에 매각하기로 합의했다고 발표했다. 하지만 이 합의서에는 '제3자 제안 공고기간'이 명시되어 있었다.

그 말은 곧 "오일머니가 이 금액으로 우리 회사를 사겠다는데 우리는 더 비싸게 팔고 싶습니다. 이 거래에 입찰하실 분, 안 계십니까?"라는 뜻이었다.

우리는 바니스의 주식을 9억 달러에 매입하겠다는 뜻의 인수의향서를 7월 2일에 제출했다. 우리 회사도 입찰 후보에 넣어달라고 협상의 문을 두드린 것이다.
세련된 패션 상품을 제공하는 바니스의 성장 가능성과 패스트 리테일링의 시너지 효과를 기대했기 때문이다.
만약 거래에 실패하더라도 우리 회사에 실질적인 피해는 없으므로 도전하기로 했다.

이어서 같은 해 7월 30일에 존스 어패럴에 인수의향서와 9억 달러에 주식을 취득하겠다는 뜻의 인수신청서를 제출했다. 그러자 이스티스마르가 그에 맞서 9억 5000만 달러의 인수신청서를 8월 3일에 다시 한번 제시했다.

그사이 우리는 몇 번이나 이사회를 열어 바니스 뉴욕의 인수 건을 검토했다. 여느 때처럼 다양한 의견이 나왔다.
투자 금액이 거액이고 적정액을 판단하기 어려웠던

만큼 열띤 논쟁이 벌어졌다. 우리 회사가 뉴욕의 상징을 인수하게 되었다고 기뻐하던 R&D센터의 분위기와는 사뭇 대조적인 반응이었다.

그 후 8월 8일에 존스 어패럴 측은 우리보다 높은 금액을 제시한 이스티스마르의 신청서를 수락했다.
우리는 재응찰을 하지 않기로 했다. 이사회에서 미리 결정한 인수금액의 상한액을 넘었고 내가 생각하던 적정선도 넘었기 때문이었다.

결과적으로 바니스 뉴욕의 인수는 실패로 끝났다.
하지만 인수를 제안하고 나서 철회할 때까지 하루가 멀다 하고 미국에서는 이 투자 건이 보도되어서 덕분에 유니클로의 인지도가 높아졌다. 인수에는 실패했으나 해외에서 유명해졌으니 나름 이득을 본 셈이다.
보통 해외에서 우리 회사 관련 뉴스가 나오면 일본 국내 언론이 다시 보도하게 된다. 결국 이번 일로 우리의 브랜드 가치가 올라갔고 패션 소매업계에서 존재감이 높아졌다고 생각한다. 미국의 소매업과 섬유산업, 패션업계의 일정 규모 이상 경영진 또한 이번 인수 건을 통해 우리 회사를 알게 된 모양이었다. 자신의 회사를 매입해 달라고 부탁하는 일도 늘어났다.

당시 일본 언론에서는 '이번 M&A의 실패로 패스트 리테일링의 해외 전략은 크게 수정하지 않으면 안 된다'라고 보도하기도 했다. 하지만 그 정도로 대단한 일은 아니었다. 흥미가 있어 인수전에 참가했고 우리 생각보다 금액이 커져서 그만둔 것뿐이다. 단순한 이야기다.

또 처음에는 인수할 가치가 있다고 판단했지만, 조사 과정에서 경영진을 비롯해 CFO(최고 재무책임자), 상품부장 등 여러 사람과 면담해 보니 구매 능력이 높은 사람이 생각보다 많지 않았던 것도 사실이다.

만일 그때 바니스 뉴욕을 인수했다면 미국의 서브프라임 모기지 사태 이후 세계적 대불황의 직격탄을 맞아 실적은 곤두박질치고 경영 자체도 힘들어졌을 것이다. 실제로 채무액이 상당히 치솟았을 것이다. 결국 우리 회사가 잃은 것은 아무것도 없었다. 실패해서 오히려 다행이라고 생각한다.

세계를 향한 쇼케이스

2007년 11월에는 세계 최고의 쇼핑가로 불리는 영국 런던의 옥스퍼드 스트리트에 700평 규모의 글로벌 플래그십 매장과 400평짜리 매장을 동시에 출점했다. 2001년 런던에 처음 매장을 연 이후 이미 6년이 경과한 상태였다. 영국 진출 과정은 순조롭지 않았지만 충분히 준비하며 기다렸다가 새롭게 매장을 오픈한 것이다. 이 옥스퍼드 스트리트의 점포는 2006년에 오픈한 유니클로 뉴욕 소호점에 이어 두 번째 글로벌 플래그십 매장이 되었다.

옥스퍼드 스트리트의 새로운 명소로 자리 잡기 위해 매장 연출에 힘을 쏟았다. 우선 22.5미터나 되는 널찍한 입구에 2층까지 관통하는 네 개의 원통형 마네킹 박스를 설치했고, 박스 안에서는 최신 디스플레이가 회전하도록

했다. 현대 일본의 매력적인 문화, 즉 쿨재팬 분위기가 느껴지는 매장 안에서는 '티셔츠의 미래 편의점'을 컨셉으로 한 UT(Uniqlo T-shirt)를 해외 매장에 처음 선보였다. 나아가 42인치 플라스마 디스플레이 24대로 이루어진 '모니터 월'에서는 유니클로 글로벌 웹사이트의 콘텐츠가 흘러나왔다. '세계를 향한 쇼케이스'라고 할 법한 글로벌 플래그십 매장의 등장이었다.

같은 날, 같은 거리에 400평 규모의 신규 대형점도 오픈했다. 수많은 창문으로 자연광이 잘 들어오도록 디자인된 매장 내부에는 사각형 마네킹 박스가 배치되어 디스플레이가 박스 안을 회전하고 있었다. 힐링할 수 있는 공간을 연출한 데님 라운지도 런던에서 처음 등장했다. 런던에 글로벌 플래그십 매장이 문을 연 것을 기념하는 그날의 특별 상품도 출시했다. 런던에서 활약하는 아티스트와 컬라보한 티셔츠, 팬톤(전 세계의 디자인 분야에서 활용되는 색상의 표준화 도구) 캐시미어 스웨터, 히트텍이었다.

나는 오픈 당일 매장에 방문했고 그런 나를 취재하러 현지 언론이 찾아왔다. 영국에는 백화점을 주로 인수하는 미스터 그린이라는 기업 매수왕이 있는 모양이었다. 나를 취재한 기사에 '일본의 미스터 그린이 들이닥쳤다!'는 헤드라인이 붙어 있었다. 우리는 바니스 인수에 실패했지만, 해외 패션 브랜드 시어리와 콩투아 데 코토니에, 프린세스 탐탐, 일본의 캐빈과 뷰컴퍼니, 원존을 인수했다. 따라서 영국에서 보면 미스터 그린처럼 보일 수도 있었겠다. 또 풍자를 좋아하는 영국인이니 일부러 과장해서 제목을 지었을 것이다.

프랑스에서
가능성을 확인하다

프랑스의 유니클로 1호점은 2007년 12월 파리 근교 신개선문 라데팡스 지구의 쇼핑몰 레카트르탕에서 출점했다. 면적 60평 정도의 소형 매장이었다. 영국과 중국, 한국, 미국에 이어 다섯 번째 해외 진출이었다.

프랑스의 1호점은 유니클로다움을 직관적으로 전달하는 컨셉숍이었다. 패션 센스가 뛰어난 파리 사람들에게 유니클로의 메시지를 전달하고 브랜드 인지도를 높이는 것이 주된 목적이었다. 더불어 현지에서 효과적인 마케팅과 매장 관리법을 배우고 숙련하고자 했다. 한마디로 프랑스에서는 어떤 상품이 잘 팔릴지 시험적으로 매장을 운영하면서 살펴보고 싶었는데 때마침 괜찮은 쇼핑센터에 자리가 나서 출점한 것이다.

지역마다 쇼핑몰이 발달한 미국과 달리 프랑스의 쇼핑몰은 손에 꼽을 정도로 적다. 그래서 외곽이지만 유니클로 매장으로 안성맞춤인 장소를 찾은 김에 출점을 결정했다. 2009년 10월에 파리 중심부 오페라 지역에 개점할 글로벌 플래그십 매장의 예고편 같은 의미도 있었다.

또 2008년 4월에는 유럽 최대 규모 백화점 중 하나인 파리 갤러리 라파예트에 한 달간 팝업 스토어를 열었다. 이곳에서는 이제 세계적으로 통용되는 언어가 된 '망가' 티셔츠가 화제를 불렀다. 또 2009년 7월에는 플래그십 매장이 문을 열기 직전인 9월 중순까지 파리 마레 지구에 팝업 스토어를 냈다. 마레 지구는 파리에서 가장 세련된 거리로 꼽힌다.

프랑스는 다른 나라에 비해 정부의 역할이 크고 사회주의적 경향이 강하다. 따라서 미국이나 영국처럼 기업들이 치열하게 경쟁을 벌이지 않는다. 그 대신 규제가 엄격하고 노동자의 권리 보호가 철저한 나라다.
파리에 출점하려고 했더니 무엇을 하든 일일이 인가를

받아야 해서 몇 년이나 걸릴지 알 수 없었다.
예를 들면 건물이 낡아도 외부는 손대지 말고 내부만 고치라는 식이다. 파리가 특히 까다로웠다.

전체적으로 프랑스인은 옷을 잘 입는 사람들이 많다. 그래서 전체 패션을 완성할 때 필요한 아이템으로 유니클로의 옷이 잘 팔릴 수 있다고 생각했다. 또 체구가 아담한 사람이 많아서 미국이나 영국에 비해 일본의 사이즈가 잘 맞을 것 같았다.
또 파리 하면 관광객이 많은 곳이므로 일본인들도 여행 왔다가 파리에서만 판매하는 유니클로 제품을 선물로 사 갈 수도 있을 것이다.

유니클로는
'나 홀로 승승장구'가 아니다

유니클로의 2008년 8월 결산기 실적은 매출액 5864억 엔으로 전년 대비 11.7% 상승했다. 영업이익은 874억 엔으로 34.7% 증가했고, 경상이익은 856억 엔으로 32.7% 올랐다. 매출과 이익 모두 전년도에 비해 대폭 상승했다. 2008년에 들어와 리먼 브러더스 사태로 의류소매업계가 고전을 면치 못하는 와중에 올린 실적이었다.
언론은 입을 모아 '유니클로 나 홀로 승리'라며 호들갑을 떨었다. 히트텍과 브라탑, 사라파인과 같은 고품질, 고기능 소재 덕분에 히트 상품이 연속으로 출시된 것도 매출과 이익이 상승한 요인이다.

하지만 지금까지 매년 개선을 거듭하며 애써온 결과였으며 애초에 '나 홀로 승승장구'라고 할 만큼 팔리지도 않았다. 작년보다 두 배, 세 배 늘었다면 혼자

잘나갔구나 싶겠지만 겨우 10% 넘게 올랐을 뿐이다.
그러니 '이 불황에 유니클로만 지지 않고 버텼다'라고
말해야 정확하다.

사실 섬유업계와 패션의류업계에는 리먼 쇼크가 발생하기
훨씬 이전부터 불경기가 이어졌다. 또 구조적으로 돈을 벌
수 있는 형태가 아니었다. 업계 사람들은 대부분 불경기나
날씨 탓을 하면서 아무것도 바꾸려 들지 않았다.
지난 수십 년 동안 질리지도 않고 '요즘 경기가 나쁘다'는
소리만 하고 있다. '날씨가 도와주네'라거나 '장사하기
좋은 날이네요'라는 소리는 한 번도 들어본 적이 없다.

반면 우리 패스트 리스테일링은 '팔리지 않는다'는 것을
전제로 하고, '그럼 팔리게 하려면 어떻게 해야 할까'를 늘
생각하고 끊임없이 실천해 왔다. 그런 피땀 어린 노력이
있었기에 상품의 우수한 품질을 인정받아 팔리게 된
것이다.

후리스가 일본 전역에서 대박이 났지만 한때는
'유니바레(ユニばれ)'라는 말이 유행하기도 했다.

유니클로를 입고 있는 것이 '바레(ばれ)', 즉 들키면 창피하다는 의미다. 유니클로에서 산 싸구려 옷을 입고 가다가 같은 옷을 입은 사람과 마주치면 왠지 부끄럽다는 감각이 당시에는 있었을 것이다.

시대가 바뀌어 최근에는 '데코클로(デコクロ)'라는 말이 유행한다. 데코레이션의 '데코'와 유니클로의 '클로'를 결합한 단어다. 유니클로 옷에 캔배지를 달거나 자수와 레이스를 붙여 각자 원하는 대로 장식하는 것을 뜻한다. 자신만의 방법으로 유니클로의 옷을 꾸미며 개성을 표현하는 것이다. 유니클로의 팬들이 '데코클로부'라는 이름으로 동호회를 만든 사실도 홈페이지를 보다가 알게 되었다. 각자의 방법으로 우리 옷을 즐겨주니 기쁠 따름이다.

진정한 의미의 여성 시대

브라탑이 폭발적으로 팔리고 해당 상품을 개발한 여성 MD팀이 각광을 받자, 드디어 여성 직원이 활약할 기회가 왔다고 느낀 사람도 있을 것이다. 확실히 유니클로에는 큰 변화다.
여성 직원들의 활약이 주목을 받아서인지 사람들은 우리 회사가 여성 인력을 잘 활용하고 있다고 생각하는 것 같다. 그러나 현실은 결코 그렇지 않다. 2009년 7월 말 기준 집행임원 중 여성은 한 명, 부장급도 한 명뿐이다. 서구의 의류회사 중에는 CEO가 여성이거나 임원의 절반 이상이 여성인 회사도 드물지 않다.

결혼해서 아이가 생기고 가사 활동을 해야 한다고 해도 충분히 일과 병행할 수 있다. 이런 환경이 실현되어야 진정한 의미의 여성 시대가 찾아왔다고 할 수 있다.

현실은 아직 멀었다. 만일 여성 관리직이 많이 등장하기를 바란다면 외국인을 채용할 때와 같은 방법을 쓰면 된다. 기혼 여성 간부 100명을 한 번에 채용해서 일과 가정 생활을 함께 이어가도록 하며 회사에 정착시키면 된다.

여성 인력을 제대로 활용하려면 이 정도의 획기적인 방안을 가지고 회사 전체가 나서야 한다.
여성에게는 지금도 유리천장이 존재하며 인사상의 불이익이나 결혼과 출산, 육아의 부담이 있는 것도 사실이다. 우선 여성 스스로 자신에게 불리한 현실을 자각해야 한다. 그리고 남성도 그 사실을 제대로 이해하고 배려해야 한다. 이는 모든 기업에게 중요한 문제다. 다행스러운 것은 육아가 더 이상 여성만의 문제가 아니라 남성도 참여해야 하는 공동의 일이라는 인식이 조성되고 있다는 점이다.

반면 여성복은 여성이 만드는 게 아니면 좋은 상품을 완성하지 못한다거나 여성용 상품 개발은 모두 여성에게 맡겨야 한다는 논의는 조금 다른 이야기다. 일부 수긍할 만한 점도 있지만 세계적으로 보면 능력 있는 사람은 남자든 여자든 상관없이 능력 있는 법이다.

그룹의 기업 이념 'FR WAY'

고객은 소비자를 진심으로 위하는 좋은 브랜드의 물건을 사고 싶어 한다. 따라서 기업이 더 좋은 방향으로 끊임없이 성장하고 발전하지 않으면 상품은 팔리지 않는다. 또 고객이 기업의 자세에 공감하고 기업의 신념을 존경할 수 있게 만들어야 한다. 돈 벌 궁리만 하는 회사의 옷은 아무도 사고 싶지 않을 것이다. 고객은 기업의 이미지까지 생각하고 물건을 산다.

고객이 유니클로가 자신을 생각해 주고 있으며, 자신에게 좋은 회사라고 생각하게 만들어야 한다. 나는 유니클로를 포함한 패스트 리테일링 전체를 고객이 생각하는 좋은 회사로 만들고 싶었다. 그래서 2008년 9월 'FR WAY(패스트 리테일링의 방식)'라는 패스트 리테일링의 기업 이념을 제창했다. FR WAY는 크게 '이념(statement)', '미션(mission)',

'가치관(Value)', '행동 규범(Principle)'의 네 가지 항목으로 이루어졌다.
우선 핵심이 되는 이념은 '옷을 바꾸고, 상식을 바꾸고, 세계를 바꿔 나간다'로 정했다.
이어지는 패스트 리테일링의 미션은 아래와 같다.

- 패스트 리테일링은 지금까지 없던 새로운 가치를 지닌 옷을 창조하고, 전 세계 모든 사람에게 멋진 옷을 입는 기쁨과 행복, 만족감을 제공합니다.
- 패스트 리테일링은 독자적인 기업 활동을 통해 사람들이 충실한 삶을 실현하는 데 공헌하고, 사회와 조화롭게 발전하도록 노력합니다.

'가치관', '행동 규범'의 자세한 내용은 책 말미에 덧붙여 두겠다.

'모든 사람'이라고 하면 흔히 '대중'이나 '옷이나 패션에 별로 관심이 없는 사람'으로 착각하기 쉽지만 결코 그런 의미가 아니다. 여기서 말하는 '모든 사람'은 옷이나 패션에 흥미가 있고 충분한 가치만 있다면 가격에 상관없이 제품을 살 의향이 있는 사람을 가리킨다.
그런 사람에게 유니클로의 옷이 좋다는 사실을
이해시키고 우리의 고객으로 만들어야 하는 것이다.

FR WAY를 공표한 뒤 그룹 직원 모두에게 철저히
숙지시키는 동시에 우리 그룹의 경영 방침과 사회공헌
계획을 외부에 알렸다.
이제는 '좋은 회사'라는 사실을 고객이 인식하도록 확실히
전달하지 않으면 상품이 팔리지 않는 시대다.

옷을 바꾸고, 상식을 바꾸고,
세계를 바꿔 나간다

지금까지는 패스트 리테일링이 곧 유니클로였다. 하지만 그룹의 자회사가 서서히 늘고, 유니클로 사업도 해외 연관기업이 많아지면서 그룹 전체의 가치관을 명확히 전달할 필요가 생겼다.

'우리는 무엇을 위해 이 일을 하는가?'
이 질문에 대한 답을 이제는 분명히 해야 한다.

회사란 기업 이념이 표방하는 가치관에 동감하는 사람들이 모여 일하는 조직이다. 우리의 기업 이념인 FR WAY는 전 세계를 향해 전달되어야 하므로 일본어 외에 영어, 프랑스어, 중국어, 한국어 버전도 마련했다. 이제부터 FR WAY를 바탕으로 그룹의 모든 직원이 함께 경영해 나가자는 뜻이다.

FR WAY를 제창한 첫 번째 목적은 그룹의 모든 직원이 이해하고 공유할 수 있는 기업 이념을 만드는 것이다. 기존에도 경영 이념으로 공표된 23개조가 있었지만 '경영'에 다소 치우친 내용이라서 일반 직원은 어떤 마음가짐과 태도로 일해야 하는지 이해하기 어려웠다.

두 번째 목적은 '글로벌 원 경영', 즉 패스트 리테일링의 전 세계 직원 모두가 경영하는 '전원 경영'을 실현하는 것이다.

경영 이념 23개조는 나 혼자서 오랜 기간에 걸쳐 만들었지만 FR WAY는 다르다. 카피라이터 마에다 도모미와 크리에이터 사토 가시와 같은 전문가의 도움도 받았고, 나아가 상당히 많은 직원이 참여해 긴 시간 공들여서 만들었다.

FR WAY, 즉 패스트 리테일링의 기업 이념에는 우리의 신념과 사명을 실현하기 위해 일한다는 자세와 방향성이 드러나야 한다.
사업이란 하나의 신념을 바탕으로 모인 사람들이 그

신념을 실현하기 위해 함께 행동한다는 점에서 종교와 닮았다. 반대로 행동의 기준이 되는 사고방식과 가치관이 없으면 사람들은 유기적으로 모여 목적을 달성할 힘을 얻지 못한다. 조직의 구성원들이 각기 다른 방향을 바라보며 일한다면 제대로 힘을 발휘할 수 없다.

FR WAY는 모든 직원이 같은 방향을 바라보며 사람 냄새 나는 경영을 하기 위한 마음속 길잡이와 같은 것이다.

'옷을 바꾸고, 상식을 바꾸고, 세계를 바꿔 나간다'는 이념은 대단히 멋진 문장이다. 개인적으로도 무척 마음에 든다. 직원들과 함께 몇 번이나 생각하고 또 생각한 끝에 만든 문장이다.

FR WAY는 한마디로 기업 정신이다. 모든 것에 우선하는 이념으로 출발점인 동시에 종착점이다. 이상이면서 현실이다.

FR WAY를 상징하는 한마디로 '옷을 바꾸고, 상식을 바꾸고, 세계를 바꿔 나간다'라는 선언이 나온 것이다.

또 지금까지 없었던 혁신적인 소매기업이 되겠다는 굳은 의지를 나타내고 있다. 쉬운 표현으로 되어 있어 직원들이 더 깊이 이해할 수 있었다고 생각한다. 앞으로 그룹의 모든 기업이 FR WAY의 방침에 따라 일해주기를 바라고 있다.

물론 현재의 FR WAY는 완벽하지 않다. 100% 완성형도 아니다. 언젠가 패스트 리테일링의 기업 정신을 물려받은 사람들이 시대의 변화에 맞추어 직원들이 진심으로 의지할 수 있는 길잡이로 다시 바꾸어갈 것이다. 최종적으로는 우리 손으로 직접 세계 최고의 기업을 만들겠다고 생각해야 한다. 그룹의 모든 경영자와 직원들이 높은 의지를 가지고 현실을 제대로 인식하며 세계 1등을 목표로 부단히 노력하는 기업이 되었으면 한다.

지금의 패스트 리테일링은 일본 유니클로의 일본식 사고방식으로 경영하고 있으며 그 DNA를 새긴 채 많은 직원들이 해외에서 활약하고 있다. 현재 그룹 내부에서 정의한 '세계에서 가장 성공한 경영 방법'은 우리가 일본에서 실행하고 있는 유니클로의 방법이다. 그것을 바탕으로 만든 기업 이념이므로 10년이 지나면 완전히 다른 내용으로 바뀔 가능성도 있다.

2020년의 꿈

2009년을 맞이해서 '2020년의 꿈'이라는 제목으로 새해의 포부를 말씀드리겠습니다.
2020년 패스트 리테일링의 꿈은 세계에서 가장 혁신적이고 효율이 높은 기업이 되어 2020년 매출 5조 엔, 경상이익 1조 엔을 달성하는 것입니다.
그러기 위해서는 올해부터 매년 20%씩 성장하고 매출 경상이익률을 20%까지 끌어올릴 필요가 있습니다.
저는 진지하게 이 과제에 도전하기로 결심했습니다.
모든 집행임원 역시 이 과제에 도전해 주기 바랍니다.

당연하지만 이 과제는 한 경영자나 경영팀이 각오를 다진다고 달성할 수 있는 일이 아닙니다.
경영자 전원, 관리직 전원, 직원 전원이 마음을 하나로 모아 장기 계획을 세우고, 중기 계획을 만들고, 단기 계획을 세워서 매일, 매주, 매달, 매 분기, 매 반기, 매년마다 실행하고 수정해 나가지 않으면 실현될 수 없습니다.
무엇보다 이 꿈을 이루기 위해서 우리 전 직원이 경영의 방향을 맞출 필요가 있습니다.
이를 위해 올해 우리 회사의 모토를 말씀드립니다.

글로벌 원·전원 경영 체제

이 모토가 의미하는 것은 세계 시장에서 ONE & ONLY의 존재가 되기 위한 가장 좋은 방법인 '글로벌 원'으로 패스트 리테일링의 모든 사업을 경영해 나가는 것입니다.

우리는 누구이며, 무엇을 목표로 하여, 어디로 가는가?
우리의 현재 상황은 어떤가?
우리의 이상은 무엇인가?

매일매일 진지하고 치열한 승부를 펼치면서 현실을 직시하고 이상을 추구하며 생각하고, 생각하고, 또 생각해서, 실행하고, 실행하고, 또 실행해서 반드시 영예로운 승리를 손에 넣겠습니다.

저는 패스트 리테일링을 세계에서 가장 성공한 기업으로 만들고 싶습니다. 세계 최고의 의류제조 소매기업으로 만들고 싶습니다. 진심입니다.

아시다시피 지금, 세계 경제는 1929년의 대공황에 버금가는 세계적인 불황에 돌입했습니다.
그야말로 위기입니다. 하지만 이런 때일수록 우리 같은 새로운 유형의 기업이 크게 도약할 수 있는 기회라고 생각합니다.
과거에 많은 세계적인 대기업은 대불황과 같은 시련 덕택에 성장했습니다.

게다가 최근 각국에서 글로벌 경제로 가는 대변혁이 이제 막 시작된 참입니다.
지금까지처럼 한 나라에서만 성공하는 것이 아니라 전 세계에서 대성공할 가능성이 있습니다.
우선 이 점을 여러분이 철저하게 인식해서 이 절호의 기회를 살려주시기 바랍니다.

다음으로 전원 경영에 대해 말씀드리겠습니다.

유니클로가 창업한 뒤 지금까지 성장할 수 있었던 가장 큰 요인은 모든 직원이 경영자 마인드를 지니고 있었기 때문입니다.

경영자 마인드란 고객의 요구에 답하는 것, 회사의 성과를 달성하는 것, 회사가 문제에 부딪혔을 때 어떻게든 해결하는 것, 이 모든 일을 전 직원이 하나가 되어 실천하는 것입니다.

진심으로 기업을 혁신하고 크게 성장하기를 원한다면 모든 직원이 경영자가 되어야 합니다.

우리 회사의 성장기가 바로 그런 모습이었습니다.

지금의 월마트가 그렇습니다.

과거의 홈데포, 마쓰시타 전기, 혼다, IBM이 그랬습니다.

저는 '전원 경영 기업 패스트 리테일링'을 만들기로 결심했습니다.

모든 직원이 열정적으로 혁신과 효율화를 위해 달리는, 가슴 뛰는 회사로 만들겠습니다.

모두가 경영자가 되어, 다 함께 세계 최고를 목표로, 다 같이 열정을 불태우는 조직으로 만들겠습니다.

모든 직원이 팀의 일원인 집단을 만들겠습니다.

모든 직원이 경영자 마인드를 지닌 독립자존의 장사꾼이 되어야 합니다.

고객에게 부가가치란 무엇인가를 생각하고, 생각하고, 또 생각해서 전원이 즉시 실행할 수 있는 조직이 되겠습니다.
왜냐하면 고객을 위한 부가가치야말로 장사와 경영의 진수이기 때문입니다.
우리는 언제나 이를 최우선으로 삼겠습니다.

우리 직원 모두가 한 장 한 장의 옷을 기획하고 생산하며 판매해서 고객에게 최대의 만족감을 줄 수 있도록 노력하겠습니다.

한편 세상을 뒤집을 수 있는 한 방의 홈런을 노리겠습니다.
1000만 장 단위의 홈런을 목표로 하겠습니다.

정말로 진지하게, 진지하게, 진지하게 한 장, 또 한 장을 고객에게 전달하겠습니다. 그와 동시에 1000만 장 단위로 상품이 팔리는 상황을 늘, 언제나, 항상 생각하겠습니다.

고객이 만족해서 돌아가고 다음에 또 유니클로에 가고 싶게 만드는 것.

고객의 만족은 기대 이상의 상품이 손에 들어오는 것입니다.

고객의 만족은 기대 이상의 서비스를 받는 것입니다.

그리고 최소한 고객에게서 불평불만이 나오는 일은 절대 없어야 합니다.

우리는 안타깝게도 대기업병에 걸렸습니다.

모든 직원, 특히 모든 관리직 여러분께 부탁드립니다.

타파! 샐러리맨 체질

타파! 관료적 조직

타파! 꼰대 경영

타파! 자만심 경영

타파! 평론가 경영

타파! 분석 보고 경영

타파! 대기업 의식

저는 올해 예순입니다. 그리고 패스트 리테일링도 창업 60주년을 맞이했습니다.
하지만 60주년 기념 사업도, 이벤트도, 축하 선물도, 사내에서든 사외에서든 다 필요 없습니다.
왜냐하면 지금이 우리에게 가장 중요한 시기이기 때문입니다.
패스트 리테일링 유니클로의 경영 기반을 구축해야 할 소중한 시간이기 때문입니다.
여전히 미완성인 우리가 축배를 들기에는 아직 이릅니다.

우리는 일본을 대표하는 글로벌 기업이 되어 고수익 비즈니스를 펼치고 전 세계에서 더욱 크게 성장해 나갈 것입니다.
일본의 강점을 유니클로의 강점으로 만들겠습니다.
일본의 강점을 극대화해 지금까지 아무도 실현한 적이 없는 새로운 일본의 기업을 만들겠습니다.

저는 패스트 리테일링 전사를, 특히 패스트 리테일링 본부를 경영의식 업무변혁 본부로 만들겠습니다.
FR = FR MANAGEMENT LEARNING CENTER로 만들겠습니다.
연간 10억 엔 이상의 교육 예산을 들여 5년 안에 대량의 경영자를 육성하겠습니다.

매일 경영과 비즈니스, 업무를 배워 즉시 전원이 실행할 수 있는 기업을 만들겠습니다.
전 세계에서 재능 있는 사람을 끌어모으겠습니다.
전 세계의 재능을 철저하게 이용하겠습니다.
뜻과 경영 이념, 가치관, 행동 규범을 통일하겠습니다.
집행임원 이하 관리직 전원을 다시 한번 단련시키겠습니다.
젊은이를 발탁하고 인재를 육성하겠습니다.
높은 뜻을 품고 기업을 위해 헌신적으로 일하는 사람을 3년에서 5년 안에 경영자로 입문시키겠습니다.
그리고 10년 안에 제 몫을 다하는 경영자로 육성하여 전 세계의 그룹 사업에서 활약하도록 하겠습니다.
전 세계의 지혜를 모아 세계 최고의 회사를 만들겠습니다.

평범한 인재를 키우겠습니다.
천재를 발견하면 그들의 강점을 살리겠습니다.
지금까지 60년 동안 우리의 선배들이 쌓아올린 '경영 이념 23개조', '패스트 리테일링의 정신', '경영, 비즈니스, 업무', 'FR WAY'를 시작으로 기업의 문화와 가치관, 경영의 원리 원칙, 행동 규범을 모두 명문화하고 분명히 하겠습니다. 그리고 모든 직원에게 그 실천을 강력하게 요구하겠습니다.

집행임원 이하 관리직 모두를 직원의 모범이 되게끔 하겠습니다. 모범을 보이지 못하고 리더십을 발휘하지 못하는 간부는 필요 없습니다.
이해하지 못하고 실천하지 못하는 직원은 필요 없습니다.

패스트 리테일링 유니클로를 세계 비즈니스 역사에 이름을 남기는 기업으로 만들겠습니다.
경영은 모순점을 해결하는 과정입니다.
모순점을 누구라도 자유롭게 토의하고, 솔직하고 유연하게 해결하고, 전원이 해결책을 실행할 수 있는 기업으로 만들겠습니다.
저는 개인과 사기업이야말로 사회를 바꿀 수 있다고 믿습니다.
결코 국가나 정부, 행정이 아닙니다.
전 세계를 좋은 방향으로 바꿔 나가겠습니다.

사회의 난제를 돌파하는 회사로 만들겠습니다.

유니클로는 모든 사람이 좋은 캐주얼 의류를 입을 수 있도록 하는 일본의 기업입니다.
패스트 리테일링은 옷을 바꾸고, 상식을 바꾸고, 세계를 바꿔 나가겠습니다.

노스페이스와 캔버스를 재건한 어느 미국인이 "회사 재건은 간단합니다. 전 직원의 뜻과 경영자의 뜻을 하나로 만들기만 하면 됩니다"라고 말했습니다.

마지막으로 제가 가장 좋아하는 구라모토 조지 선생님의 말씀을 여러분께 전해드리고 싶습니다.

가게는 손님을 위해 존재하고
점원과 함께 번창하며
주인과 함께 망한다.

2010년 신년 메일

민족 대이동

작년 한 해 동안 유니클로에 대한 세계적 평가가 높아져 이제 가슴을 펴고 당당히 세계 시장으로 나아갈 수 있게 되었습니다. 파리에서는 플래그십 매장이 대성공을 거두었고 질 샌더와 협업하여 만든 컬렉션 '+J'에 대한 반응도 뜨거웠습니다. 또 히트텍은 공전의 히트를 기록했습니다. 정말 기쁘기 그지없습니다. 고맙습니다. 진심으로 감사드립니다.

지금 세계의 성장 섹터는 중국부터 인도까지 모두 아시아에 자리 잡고 있습니다. 우리는 앞으로 아시아 전역에 유니클로 매장을 열 것입니다. 아시아의 성장을 발판 삼아 우선은 아무도 따라잡을 수 없는 아시아의 1등 기업이 되겠습니다.
또한 미국과 유럽의 대도시에 매장을 확대하겠습니다. 다가오는 봄에는 드디어 러시아 모스크바에 유니클로 1호점이 문을 엽니다. 또 상하이에서 다섯 번째 글로벌 플래그십 매장이 오픈을 기다리고 있습니다.

적극적으로 사업을 전개하는 동시에 패스트 리테일링의 모든 회사가 진정으로 사회에 공헌할 수 있도록 힘쓰겠습니다. '전 상품 리사이클화'를 지금보다 더 활발히 진행하고 의류 지원 사업을 통해 전 세계 난민 수에 해당하는 3000만 점 이상의 의류를 난민 캠프에 전달하겠습니다. 또한 방글라데시와 베트남의 경제 발전과 산업 육성, 기업 지원, 자립을 촉진하는 사회적 기업 활동을 개시하겠습니다.

이러한 상황 속에서 우리 패스트 리테일링의 모든 직원이 세계 각지로 나가 활약하게 될 것입니다. 여러분 중 누구 한 사람도 예외가 아닙니다. 그룹 회사 간 인사이동도 국경을 넘어 적극적으로 시행해 나가겠습니다. 도쿄 본부에서 일하는 직원도 가까운 미래에 절반 이상은 외국에 나가게 될 것입니다.

지금 우리 눈앞에 세계 최고의 비즈니스 기회가 있습니다. 패스트 리테일링은 이 기회를 놓치지 않고 반드시 모든 직원과 함께 활용하겠습니다. 이 기회를 활용하느냐 아니냐는 오늘 여러분의 매장을 찾은 고객의 만족에 달려 있습니다. 고객이 만족스럽게 상품을 구매하고, 다음에도 다시 여러분의 매장에 와야겠다고 생각한다면 기회를 잡을 수 있습니다. 그러나 고객이 매장과 서비스에 조금이라도 불만을 느낀다면 이 기회는 사라지고 맙니다.

우리는 이미 글로벌 시장에서 경쟁하고 있습니다. 전 세계의 내로라하는 기업들과 싸우고 있습니다. 저는 이 경쟁에서 반드시 이기고 싶습니다.

2020년 패스트 리테일링의 꿈은 세계에서 가장 혁신적이고 효율이 높은 기업이 되어 2020년 매출 5조 엔, 경상이익 1조 엔을 달성하는 것입니다. 그러기 위해서는 올해부터 매년 20%씩 성장하고 매출 경상이익률을 20%까지 끌어올릴 필요가 있습니다. 저는 진지하게 이 과제에 도전하기로 결심했습니다. 모든 집행임원 역시 이 과제에 도전해 주기 바랍니다.

우리 패스트 리테일링이 앞으로 한층 더 높이 도약하려면 그룹의 본부와 현장을 더욱 강하게 만들어야 합니다. 세계 곳곳에 포진한 패스트 리테일링의 모든 회사가 모든 정보와 사람을 공유하며 한 몸처럼 일하는 글로벌 원펌(Global One firm)을 실현하기 위해서도 강한 본부와 강한 현장이 반드시 필요합니다. 올해도 패스트 리테일링의 가장 중요한 모토는 '글로벌 원', '전원 경영 체제'입니다. 강한 본부와 강한 현장을 만들 수 있는 사람은 바로 자신이라는 의지와 열정을 품어주기 바랍니다.

이는 패스트 리테일링의 모든 회사가 연 매출 1조 엔에서 5조 엔을 벌어들이는 사업체로 다시 태어나는 과정을 의미합니다. 전 세계의 고객이 진정으로 만족할 수 있는 최고의 기업으로 성장하고 싶습니다. 세계에는 수많은 의류제조 소매기업이 있습니다. 패스트 리테일링은 그중 가장 혁신적이고 탁월한 기업이 되어야 합니다.

사업의 모든 운영 과정을 세계 어느 기업과 비교해도 손색이 없는 높은 수준으로 표준화할 필요가 있습니다. 앞으로 세계의 현장과 강한 본부, 즉 글로벌 헤드쿼터에서 '즉단, 즉결, 즉행'의 자세로 과제를 해결하고 새로운 기회를 발굴해 나가겠습니다.
이 모든 과정은 원 플랫폼, 즉 하나의 경영 기반으로 현장의 구석

구석까지 일관된 기준으로 경영하고자 합니다. 회사에 최적화된 조직을 구성하여, 그 조직의 기준을 세계로 표준화해 나갈 것입니다.

각 사업을 본부가 철저히 지원하고, 1만 점포를 마치 한 점포처럼 세심하게 관리할 수 있도록 조직과 본부 직원의 의식을 개혁하겠습니다. 또 전사의 경영 톱부터 막 입사한 파트 직원, 아르바이트 직원까지 모두에게 '전원 경영'을 요구할 것입니다.
이는 모든 직원이 적확한 판단과 실행을 할 수 있는 능력을 갖추는 것을 의미합니다. 매장의 점장과 상품 생산 담당자, 영업 담당자, 관리 담당자 등 각 본부 담당자가 논의해서 결론을 내고 즉시 실행하는 회사로 만들겠습니다. 기본적으로 점장과 본부 담당자 모두 자신이 최종 책임자라는 사실을 자각해야 합니다. 그 자각이 직원 한 사람, 한 사람의 성장을 촉진할 것입니다. 앞으로도 게으른 점장이나 미덥지 못한 본부 직원, 지시만 하는 관리직을 박멸해 나가겠습니다. 패스트 리테일링의 전 직원이 글로벌 무대에서 활약할 수 있는 역량을 갖출 것입니다.

다음으로 전원 경영에 대해 다시 말씀드리겠습니다. 유니클로가 창업한 뒤 지금까지 성장할 수 있었던 가장 큰 요인은 모든 직원이 경영자 마인드를 지니고 있었기 때문입니다.
경영자 마인드란 고객의 요구에 답하는 것, 회사의 성과를 달성하는 것, 회사가 문제에 부딪혔을 때 어떻게든 해결하는 것, 이 모든 일을 전 직원이 하나가 되어 실천하는 것입니다.
진정으로 기업을 혁신하고 크게 성장하기를 원한다면 모든 직원이 경영자가 되어야 합니다.

모든 직원이 열정적으로 혁신과 효율화를 위해 달리는, 가슴 뛰는 회사로 만들겠습니다.
모두가 경영자가 되어, 다 함께 세계 최고를 목표로, 다 같이 열정을 불태우는 조직으로 만들겠습니다.
모든 직원이 팀의 일원인 집단을 만들겠습니다.
모든 직원이 경영자 마인드를 지닌 독립자존의 장사꾼이 되어야 합니다.

일본의 강점을 유니클로의 강점으로 만들겠습니다. 일본의 강점은 근면함과 자신의 일에 대한 책임감, 호스피털리티, 인내심, 세계 최고의 제조 기술, 겸허함, 타인에 대한 배려, 회사에 대한 충성심 등입니다. 안타깝게도 최근 일본의 모습을 보면 이러한 강점은 점점 옅어지고 있습니다. 우리는 본래 일본이 지니고 있던 일본의 강점을 강화해서 지금까지 아무도 실현한 적이 없는 새로운 일본의 기업을 만들겠습니다.

매일 경영과 비즈니스, 업무를 배워 즉시 전원이 실행할 수 있는 기업을 만들겠습니다.
전 세계에서 재능 있는 사람을 끌어모으겠습니다.
전 세계의 재능을 철저하게 이용하겠습니다.
뜻과 경영 이념, 가치관, 행동 규범을 통일하겠습니다.
집행임원 이하 관리직 전원을 다시 한번 단련시키겠습니다.
젊은이를 발탁하고 인재를 육성하겠습니다.
높은 뜻을 품고 기업을 위해 헌신적으로 일하는 사람을 3년에서 5년 안에 경영자로 입문시키겠습니다.
그리고 10년 안에 제 몫을 다하는 경영자로 육성하여 전 세계의 그룹 사업에서 활약하도록 하겠습니다.

전 세계의 지혜를 모아 세계 최고의 회사를 만들겠습니다.

기업의 문화와 가치관, 경영의 원리 원칙, 행동 규범의 실천을 모든 직원에게 강력하게 요구하겠습니다.

전후의 폐허에서 소니와 혼다는 불사조처럼 세계로 날아올랐습니다. 유니클로를 비롯한 패스트 리테일링의 모든 직원도 세계를 향해 달려나가겠습니다.

"하찮은 성공에

만족하지 마라."

5장

차세대 경영자에게

나는 늘 100점짜리 경영을 목표로 한다.

하지만 영원히 완성되지 않는 것이 경영인지도 모르겠다.

그럼에도 경영자는 항상 100점을 목표로 경영에 힘써야 한다.

보통 경영자는 60점이나 70점밖에 되지 않으면서

스스로 100점이라고 착각한다.

뛰는 놈 위에 나는 놈이 있다는 사실을 모르는 사람이 많다.

에이치앤엠의 진격은 대환영이다

글로벌 의류소매업체 중 매출 상위 3사는 미국의 갭, 자라를 소유한 스페인의 인디텍스, 그리고 스웨덴의 에이치앤엠이다. 이들 회사의 매출은 1조 3000억 엔에서 1조 7000억 엔 사이로 모두 최신 유행을 날카롭게 예측하고 저가 의류를 짧은 사이클로 세계 각국에서 생산·판매한다. 최근에는 패스트 푸드처럼 '빠르고 싸다'는 뜻으로 패스트 패션으로 불린다.

2008년 9월, 에이치앤엠이 처음으로 일본에 상륙해 긴자에서 매장을 열었다. 몇 주 동안이나 매일같이 긴 행렬이 끊이지 않았고 엄청난 화제가 되었다. 경쟁사인 갭과 자라는 이미 일본에 출점한 상태였으므로 에이치앤엠이 매장을 냈을 때는 '이제야 왔구나' 하는 느낌이었다.

에이치앤엠은 패션 의류를 팔지만 유니클로는 부가가치가
높은 베이직 의류를 판다. 유니클로도 물론 디자인이
뛰어난 옷을 팔아야 한다. 하지만 한 철 입고 버리는
유행에 민감한 옷이 아니라 다른 옷과 잘 조합해서 입을
수 있는 옷을 만들고 싶었다.
지금까지 그 신념을 변함없이 실천하고 있다.

언론에서 에이치앤엠의 일본 진출을 기사로 다룰 때면
으레 유니클로와 비교했다. 한편 고객들은 긴자의
에이치앤엠 매장에 아예 들어가지 않거나,
들르게 되더라도 가는 길에 유니클로를 함께
찾아주었다. 덕분에 유니클로 긴자점의 매출이 예상보다
대폭 상승했다. 경쟁사와 비교당한 덕분에 매출이
증가하리라고는 생각지 못했다.

국내 사업만 할 때는 '시마무라 vs 유니클로'나
'양판점 vs 유니클로'의 구도로 비교당했다.
하지만 유니클로가 해외에 매장을 오픈하고 역으로
에이치앤엠과 포에버21이 일본에 진출하자 이번에는
외국계 기업과 비교당하게 되었다. 결국 글로벌 기업의

비교 대상이 되어야 세계 시장에서도 팔릴 수 있다는
사실을 깨달았다. 우리는 늘 글로벌 기업들과 경쟁한다고
생각해야 한다.

언론은 '에이치앤엠의 일본 침공에 맞서 싸울 대상은
유니클로뿐'이라며 호들갑스럽게 이야기했다.
하지만 의류업계 입장에서 이 경쟁은 바람직한 일이다.
에이치앤엠이 화제에 오를수록 전체 옷 소비도 늘어나기
때문이다. 오히려 주목받지도 못하고 화제도 되지 않는
업계가 더 큰 문제다. 해외 기업이 일본 시장으로 더 많이
진출해서 국내 기업과 경쟁하게 되면,
고객은 자신에게 더 좋은 옷을 선택할 수 있으니
소비자에게도 기업에게도 좋은 일이다.
유니클로 역시 더 적극적으로 해외에 진출할 생각이다.

에이치앤엠이 국내에 들어와서 유니클로가 손해 본
것은 없다. 비교 대상으로 주목받아 글로벌 브랜드로
인정받았으니 오히려 이득을 본 셈이다.

자회사 3사 통합은 재생의 첫걸음

2008년 9월, 저가 캐주얼 브랜드인 GU, 신발소매업 회사 원존, 여성화전문점 뷰컴퍼니 3사를 경영 통합해서 GOV 리테일링을 설립했다. 자회사인 세 곳 모두 영업손실이 나서 반년 전부터 구조개혁에 힘썼지만 모두 통합해서 운영하는 편이 최선이라는 판단에 따라 내린 조치였다. 이번 통합은 영업과 상품, 마케팅과 관리부문과 같은 공통 기능을 일원화해서 더 효율적으로 경영하겠다는 의지를 반영한 결정이다. 한마디로 더 이상의 출혈을 막기 위한 경영 합리화 과정이다.

업종과 업태가 서로 다른 회사를 합병하는 것이니 임원 회의에서도 반대가 많았다. 주로 '재생 방향이 전혀 다른 회사를 세 곳이나 합치면 오히려 더 복잡해지고 힘들지 않겠는가'라는 이유에서였다.

내 생각은 달랐다. 어차피 고객들은 옷에 맞추어 구두를 구매하므로 크게 다르다고 볼 수 없다. 게다가 재생을 위한 대책도 마찬가지라고 관계자들을 설득해서 최종적으로는 동의를 얻었다.

GOV 리테일링은 2009년 3월에 '990엔짜리 청바지'를 판매한 GU의 매출이 대폭 확대되어 채산성이 개선되었다. 한편 풋파크 사업은 2009년 7월에 대폭 축소하기로 결정했다. 2010년 1월 말까지 매장을 열 곳 정도만 남기고 약 200여 개 점포를 폐점하기로 결정한 것이다.

앞으로 신발 사업은 뷰컴퍼니 사업을 포함해 새로운 사업, 즉 유니클로 슈즈의 설립을 검토해 나갈 예정이다. 2009년 8월 (GOV 리테일링을 포함한) 국내 사업의 예상 실적은 호조세를 보이는 GU의 실적을 반영해서 증액 수정했다. 다만 적자 폭은 전년 대비 대폭 축소될 것으로 보인다.

현재로서는 유니클로의 옷에 비해 원존의 신발 품질이 꽤 낮은 편이다. 당연히 앞으로 상품의 품질을 향상시켜 유니클로의 옷처럼 모든 사람이 신을 수 있는 신발로 만들어야 한다. 그런 컨셉으로 원존의 신발을 만들어나갈 예정이다.

질 샌더와의 컬라보레이션

2009년 3월 독일의 유명 패션 디자이너 질 샌더가 대표를 맡고 있는 컨설팅 회사와 디자인 컨설팅 계약을 체결했다. 그녀는 신문과 잡지 인터뷰에서 "고급 브랜드 의류와 맞추어 입을 수 있는 저렴하지만 세련된 옷을 유니클로와 함께 만들어 전 세계 사람들에게 제공하고 싶다"라고 말했다.
이 계약에 따르면 글로벌 사업을 전개하는 유니클로의 남성복과 여성복 전체 디자인을 질 샌더가 감수하기로 되어 있다.

2008년 봄 무렵부터 우리 회사 R&D센터의 가쓰다 유키히로가 그녀와 접촉하기 시작했다.
질 샌더는 소문대로 여간 까다롭고 만만치 않은 상대여서 무려 1년 가까이 끈질기게 설득한 끝에 허락을 얻어낼 수 있었다. 중간중간 내가 가쓰다에게 '그 정도 했으면 됐다'고 몇 번이나 말릴 정도였다. 다른 회사도 그녀와 계약하기 위해 무척 공을 들였지만 실패한 곳이 많았다고 들어서 가쓰다의 끈기가 더더욱 감탄스러웠다.

유니클로가 추구하는 것은 단순함에서 느낄 수 있는 새로움과 아름다움, 그리고 감동이다. 이 세 가지를 동시에 표현할 수 있는 디자이너는 질 샌더 말고는 없었다.
이 사람에게 우리가 배울 수 있는 것은 가늠할 수 없을 정도로 많으리라고 생각한다.

그녀와의 계약이 발표된 다음 전 세계에서 엄청난 반향이 일어나서 놀랐다. 새삼 그녀의 존재감에 감탄하지 않을 수 없었다. 일본보다 유럽이나 미국의 반응이 더 컸다.
대부분 놀라움과 반가움을 드러냈다.
질 샌더는 패션계에서 워낙 명성 있는 디자이너였지만 우리 회사도 나름 유명해지고 있어서 이 둘이 뭉치면 '새로운 미래의 옷'을 만들 수 있지 않을까 기대했을 것이다. 계약을 발표한 날 패스트 리테일링의 주가는 700엔 가까이 치솟았다.

질 샌더와의 협업으로 완성된 컬렉션의 이름을 '+J'로 결정했다. 2009년 7월에는 그해 가을·겨울 시즌부터 일본 및 해외의 도심 매장과 온라인 스토어에서 판매를 개시한다고 발표했다. 10월 파리의 플래그십 매장 오픈에 맞추어 판매하려는 것이 주된 목적이었다.

유니클로는 오래전부터 디자인이 뛰어난 베이직 의류를 만들기 위해 힘써왔다. 우리의 능력과 질 샌더의 창조적인 감성이 시너지 효과를 발휘해 앞으로 유니클로 '+J'가 전 세계 고객에게 사랑받는 컬렉션이 되기를 바란다.

30개 매장만큼 매출을 올린 인터넷 쇼핑 사업

2009년 4월 중국에서 유니클로 제품을 인터넷을 통해 판매하기 시작했다. 중국의 IT 대기업인 알리바바 그룹과 제휴해서 알리바바의 쇼핑 플랫폼 타오바오를 통해 판매하게 되었다.
중국의 인터넷 사용자가 3억 명 정도로 추정되는데 앞으로 오프라인 매장을 확대해서 상승효과를 올릴 예정이다. 유니클로 브랜드의 인지도 상승과 판매 확대를 목표로 하고 있다. 세계 주요 시장 중 하나인 중국에서도 의류 1등 기업이 되고 싶다.

한편 일본에서도 2000년 10월부터 인터넷 판매가 시작되었다. 온라인 쇼핑 사이트 '유니클로 온라인 스토어'가 등장한 것이다.
당시 엄청난 유행을 일으킨 '50가지 색상의 후리스'의 출시 시기에 맞추어 온라인 스토어를 오픈했다.
모든 매장에 진열할 수 없었던 색상과 사이즈를 사이트에 갖추어 전국 각지에서 구입할 수 있게 했다.
온라인 스토어가 열리자마자 접속이 급증했고 한때 품절이 일어날 정도로 대성황을 이루었다.
그 이후로도 온라인 판매는 매년 10% 이상 순조롭게 성장하고 있다. 2008년 8월 온라인 스토어의 매출액은 143억 엔으로 전기 대비 14.5% 증가했다.
유니클로 점포로 치면 30개 매장에서 판 금액만큼 오른 것이다.

소비자 입장에서는 유니클로의 모든 상품을 손쉽게 구입할 수 있고, 회사로서는 전국을 상권으로 만들 수 있다는 점에서 계속 온라인 매출이 상승할 가능성이 크다.
또한 '전 세계에 유니클로의 메시지를 발신하고 고객들과 쌍방향으로 소통한다'라는 목적을 이루는 데에도 중요한 역할을 하고 있다.

'유니클락'의 세계 3대 광고상 수상

글로벌 브랜드로 성장하기 위한 전략의 일환으로
인터넷상에서 위젯 서비스 '유니클락'을 운영했다.
그런데 이 '유니클락'이 2008년 '칸 국제광고제(현
칸 라이언즈 – 옮긴이 주)'의 티타늄과 사이버 부문에서
그랑프리를 수상하게 되었다.

칸 국제광고제는 세계 3대 광고상 중 하나며,
그중 티타늄 부문은 도발적이고 획기적인 광고에
수여하는 상이다. 이미 '클리오 어워즈'의 인터랙티브
부문과 '원쇼'의 인터랙티브 부문에서도 그랑프리를
받았으므로 이번 수상으로 세계 3대 광고상을 모두 석권한
셈이다.

세계적으로도 유례를 찾기 힘든 쾌거였기에 수상 소식을

듣고는 뛸 듯이 기뻤다. 덕분에 해외에서 유니클로의 인지도가 상당히 높아진 것도 만족스러운 결과였다. 하지만 정작 국내 언론에서는 수상의 중요성을 기사로 많이 다루지 않아 아쉽기도 했다.

'유니클락'은 '클락'이라는 말 그대로 시계 위젯이다. 폴로 셔츠 캠페인의 일환으로 2007년 6월부터 유니클로 홈페이지에 등장했다. 유니클로 옷을 입은 여성들이 경쾌한 음악에 맞추어 독창적인 춤을 추는 동영상이 재생되는 '유니클락'은 블로그 위젯이나 컴퓨터와 핸드폰 대기 화면으로 사용할 수 있었다.

이 서비스의 목적은 '음악과 댄스 그리고 시계'라는 언어의 장벽을 뛰어넘은 커뮤니케이션 수단을 통해 유니클로의 세계관을 알리는 것이었다.

인터넷은 최고의 정보 발신 수단이다. 제대로만 활용하면 전 세계 사람들에게 순식간에 원하는 정보를 전달할 수 있다. 마치 우리 회사가 신문사나 방송사를 운영하는 것과 같은 효과를 거둘 수 있는 것이다.

칸 국제광고제에서 그랑프리를 수상하자 유니클로의 홈페이지에 세계 212개국의 1억 2090만 278명이 접속했고, 83개국에서 4만 1632개의 유니클락 위젯이 설치되었다.

보통 웹 콘텐츠는 광고대행사가 주도해서 제작하지만 '유니클락'은 대행사의 개입 없이 오롯이 사내 크리에이티브 디자인팀과 외부 크리에이터의 협업으로 기획하고 제작했다.

이야기는 여기서 끝나지 않았다.
칸 국제광고제의 주최자와 협상한 끝에 2009년 칸 광고제의 공식 티셔츠를 제작할 권리까지 얻어낸 것이다.

티셔츠 디자인은 전 세계에 공개 입찰 방식으로 모집해서 입선작을 6월에 발표했다.
수상한 열 개의 디자인을 상품화해서 온라인 쇼핑몰과 하라주쿠의 UT 스토어에서 1500엔에 발매한 뒤 대형 매장으로 판매를 확대했다.

지금까지 세계적인 광고제에서 이런 이벤트를 기획한 회사는 처음이었는데도 과감히 허락해 준 주최 측에 감사하다.

유니클로 경영자 학교

나는 『1승 9패』의 마지막 장에 이런 글을 썼다.

"나는 60세에서 65세 사이에 경영 일선에서 물러나고 싶다. 앞으로 길어봐야 10년이다. 은퇴하고 나면 투자자로 여생을 보낼 작정이다. 환갑이 지나면 아마 기업을 총괄하는 역할에만 전념해야 하는 시기가 올 것이다."

올해 2월로 나는 60세가 되었다. 경영 일선에서 물러나 은퇴를 선언할 시기까지 이제 5년이 남았다. 신문과 잡지에서는 '유니클로 나 홀로 승승장구, 최고 수익 갱신'이라고 치켜세우면서도 '후계자 육성이 급선무'라거나 '후계자 문제가 기업 리스크의 요인'이라면서 후계자 문제로 연일 떠들썩하다.

물론 그들 말대로 중요한 과제다. 앞으로 5년 안에 차세대 경영자를 육성하는 것이 나의 최우선 과제가 될 것이다. 가능하다면 좋은 경영자를 세우고 65세까지만 회장직에 전념하고 싶다.

따라서 이전처럼 외부에서 경영자를 영입하지 않고 회사 안팎에서 5년 동안 200명의 경영 간부를 육성할 생각이다. 얼마 전부터 히토쓰바시대학교 대학원의 국제기업전략 연구과 교수진과 함께 FRMIC(FR Management and Innovation Center)라는 사내교육기관을 세워 기업 개혁과 경영자 육성에 본격적으로 뛰어들었다.

이처럼 경영자를 키우는 한편 '글로벌 원'과 '전원 경영 체제'를 바탕으로 회사 전체를 개혁하고자 한다. 그러기 위해 매일 교수진과 우리 회사의 경영진, 미래의 간부 후보와 함께 토론하고 결정된 사항을 즉시 실행하고 있다.

장래에는 미국과 유럽, 그리고 상하이에서 교육을 담당할 대학교와 대학원을 지정해 제휴를 맺고 경영 간부를 육성할 생각이다. 각 대학과 대학원은 네트워크를 만들어 정보를 공유하면서 접점을 만들어갈 것이다.
간부 후보자는 학생인 동시에 선생의 역할도 하게 된다.
스스로 학생이자 선생이 되는 것이다. 교육의 형태로 보면
온더잡과 오프더잡 양쪽을 시행하는 것과 같다.

내가 생각하는 교육의 최종적인 모습은 일 자체가 바로
배움이 되는 형태다.
스스로 생각하면서 일하고, 동료와 팀워크를 이루어
업무 체제를 정비하면서 일하는 것이다. 개개인이 남을
교육하고 혹은 남에게 교육을 받으며, 서로 가르치고
또 키우는 것이다. 이 시스템이 완성되면 항상 새로운
기업으로 다시 태어날 수 있는 기폭제가 마련되지 않을까
기대하고 있다.

FRMIC에서는 구체적인 업무 스킬을 가르치지 않는다.
연설과 토론을 잘하는 법이나 파워포인트를 효율적으로
활용하는 법, 다른 회사의 성공 사례와 실패 사례를
분석해서 과제를 찾는 일은 가르치지 않는다.
FRMIC의 목적은 경영의 본질을 가르치는 데 있다.
아니, 서로 배우고 가르치는 것이 목적이다.

경영은 실행과 실천이 생명이다. 가르치고 배워도
실행하거나 실천하지 않으면 의미가 없다.
또 생각하면서 실행하는 것이 중요하다.

하지만 경영자 혼자서는 아무것도 할 수 없다.
다양한 능력을 갖춘 사람들이 모여 최적의 업무 흐름과
시스템을 고민하고 만들면서 매일 일하는 것이다.
자기 부문의 최적화뿐 아니라 연계된 다른 부문과의
동기화를 꾀하면서 회사 전체의 '최적화'를 고려하여
새롭게 구조를 만들어갈 필요가 있다.

상당히 어려운 과제지만 이를 해결하지 않으면 회사는
성장도 발전도 이룰 수 없다. 아무것도 하지 않으면 회사는
망한다. 환경의 변화에 뒤처지고 쇠퇴해서 사라져 버리는
것이다.

경영 간부는 200명이 필요하다

앞서 5년 안에 200명의 경영 간부를 육성하겠다고 했다. 우리 패스트 리테일링은 글로벌 기업으로 성장할 예정이니 점점 더 많은 직원들이 해외로 나가게 될 것이다. 좋은 기업들이 모두 그렇듯이 우리 회사도 '글로벌 원', '전원 경영 체제'를 목표로 삼고 있으므로 모든 직원은 경영자 의식을 지니고 일하게 될 것이다.

이들을 이끌어가려면 전 세계에 200명의 경영자가 필요하다. 현재는 집행임원이 20명 남짓이지만 앞으로는 지금보다 열 배는 더 필요할 것이므로 200명이라는 숫자가 나왔다.

이 200명의 경영 간부는 어느 국가의 어느 유니클로 매장이나 관계회사에 가든 본질적인 의미의 선생이 되어야 한다. 교단에 서서 강의하는 것이 아니라 각자의 직장에서 부하 직원을 가르쳐야 한다.
현장에서 가르칠 수 있는 사람, 즉 경영을 할 수 있는 사람을 양성하는 것이 우리의 목표다.
따라서 그 200명의 경영 간부는 학생인 동시에 선생도 될 수 있다. 그들이 전 세계로 흩어져 모든 직원의 의식을 개혁하고 이끌어갈 것이다.

경영자 육성을 진행하는 동시에 부사장 도마에가 중심이 되어 새로운 업무정보 시스템을 구축할 예정이다.
새로운 정보 시스템을 만든다는 것은 회사의 구조를 처음부터 다시 세우는 것이나 다름없다.
회사 전체가 글로벌 경영 체제로 바뀌고 직원 전원이 경영자로 성장할 수 있는 기업으로 변신하려면 모든 것을 다시 새롭게 만들어야 한다. 인사제도도 영업방식도 그에 맞추어 재검토될 것이다.

앞으로는 모든 업무 현장이 마치 대학원처럼 서로 가르치고 배우는 장소가 될 것이다.
중국이든 한국이든 영국이든 프랑스든 세계 어느 나라,

어떤 회사의 현장에서도 업무의 실천을 통해 가르치고 또 배우게 된다. 일이 곧 공부다. 직원들은 스스로 의식을 개혁하고 나아가 회사 전체를 개혁하겠다는 의지를 가지고 세계 최고의 사고방식으로 생각하고 실천할 것이다. 그 모든 실천과 실행의 기준이 되는 것이 바로 FR WAY다.

미래에 그룹 전체의 매출을 5조 엔까지 올리려면 외국인 직원이 전체의 80%, 일본인 직원이 나머지 20%의 매출을 내야 한다. 그때 세계 각지에 FRMIC 기관을 만들고 현지에서 경영 간부 후보생을 대량 채용한 뒤 육성해 나갈 예정이다.

당장 2011년 신입사원 채용부터 이 정책을 적용할 생각이다. 예를 들어 일본인 직원을 200명 채용하면 현지에서 외국인을 100명 채용한다.
일본과 해외에서 채용한 이 300명을 우선 일본에서 교육하고 나서 패스트 리테일링맨 혹은 유니클로맨으로 세계 각지에 파견한다. 그들이 전 세계를 누비며 글로벌 원, 전원 경영을 실현할 수 있는 제도를 계획하고 있다.

최종적으로 그들이 외국의 유니클로 직원, 프랜차이즈의
오너, 관계회사의 사장, 혹은 M&A로 인수한 회사의
사장이 되어주기를 바란다.
물론 내 후계자가 되는 것도 좋다.

그들은 기존의 관리직과 달라야 한다.
기본적으로 새로운 일본 기업을 만들고, 그 기업을 전
세계에 확대하고 싶어 하는 사람이어야 한다.
그런 인재를 채용하고 싶다.

전 세계 모든 패스트 리테일링 그룹의 회사에서 매일같이
경영 간부와 현장 직원들이 이러면 안 된다, 저게
되겠느냐는 식으로 갑론을박을 벌이게 될 것이다.
때로는 최첨단 경영 이론으로 무장한 대학이나 대학원
교수들과도 토론을 거듭하며 회사를 만들어간다.
이것이 내가 꿈꾸는 패스트 리테일링의 모습이다.
상상만 해도 돈이 엄청나게 투자될 것 같다.
연간 수십억 엔 규모가 될지도 모르겠다.

그러나 원래 사람을 키우는 데는 돈이 드는 법이다.

나는 세계의 어떤 우량기업도 만들지 못했던 최고 수준의 교육기관을 만들 작정이다.

성공이라는 이름의 실패

경영의 본질은 실행과 실천이다. 경영 과제는 서로 모순되어 해결하기 어려운 경우가 많다. 예를 들어 '매출 및 수익 증대'와 '직원의 급여 인상'은 완전히 상반되는 과제다. 이런 과제를 창의적인 생각과 방법으로 해결하는 것이 경영이다.

처음 회사를 세웠을 때는 어쨌든 돈을 벌어야 하니까 곁눈질할 새도 없이 열심히 달렸다.
무슨 수를 쓰든 실천하는 데만 급급했고 깊이 생각할 겨를 없이 일단 하고 보자는 식으로 일하는 날이 많았다.
하지만 그래서는 안 된다. 회사의 규모가 작더라도 일류 기업이 되겠다는 생각으로 일해야 한다.

실패했을 때는 무엇이 잘못되었고 어떻게 실패했는가,

성공했을 때는 무슨 이유로 성공할 수 있었는가를 살펴야 한다. 각각의 이유와 현상을 고민하면서 실천으로 옮기지 않으면 또다시 실패할 것이고 성장은 기대할 수 없게 된다.

회사라는 조직은 혼자서는 할 수 없는 큰 규모의 일을 실행하려고 사람들이 모인 곳이다. 따라서 무엇보다 팀워크가 중요하다. 팀워크가 제대로 기능하면 구성원의 수보다 더 큰 힘을 발휘할 수 있다. 팀워크는 회사 곳곳에서 선순환되고, 나아가 회사 밖으로 확장되어 '팀의 네트워크'를 완성한다. '팀의 네트워크'는 인터넷의 폭발적인 힘을 빌려 전 세계로 전달되고 많은 회사가 이를 활용하면서 글로벌 원 경영으로 나아가게 된다.

복식부기는 회계의 기초인 장부를 기록하는 방법으로 전 세계 공통으로 쓰인다. 이처럼 전 세계에 통용되는 원리 원칙에 따른 경영 방식을 우수한 인재들과 함께 나누며 회사 전체의 조직과 기능을 수립해 나간다. 그 결과 세계를 향해 열려 있고 세계 어느 곳에서도 동일한 글로벌 원 경영이 가능해지는 것이다.

우선은 경영자가 한 가지씩 착실히 배우면서 실천하고 때로는 실패하며 시행착오를 거친다. 그 과정에서 경영자 본인의 능력이 향상되고 회사는 저절로 성장한다. 경영자와 간부, 사원 모두가 한 몸이 되어 일할 수 있는 그런 회사가 가장 좋은 회사라고 생각한다.

요즘 젊은 경영자를 보면 그런 회사를 만들어보겠다는 패기가 없다. 게다가 감정은 무시하고 논리로만 모든 걸 판단하려 든다. 혹은 돈벌이에만 혈안이 되어 도덕적으로 문제가 있는 사람도 많다. '고객을 위하는 일'에 대한 고민도 없이 인터넷사업을 해서 어쩌다 잘 풀려 그대로 상장까지 한 사례마저 있다. 이런 회사는 상장한 뒤에 반드시 실적 부진으로 고생하게 된다.

고객을 생각하지 않으면 안 된다. 또 하찮은 성공에 만족해서도 안 된다. 사실은 대단한 성공도 아닌데 자신이 꽤 큰일을 해낸 듯 착각하는 경영자도 종종 볼 수 있다. 젊어서 성공한 탓에 다음에는 무엇을 할지 잘 모르는 사람도 상당히 많다. 그들은 성공한 것이 아니다. 오히려 '성공이라는 실패'를 한 것이다.

성공했다고 착각하는 사람에게 훗날 그 성공은 분명 실패의 원인이 되어 돌아올 것이다.

회사는 누구를 위해 존재하는가

젊은 경영자들에게 '회사는 누구를 위한 것인가?'라고 물으면 하나같이 '주주를 위한 것'이라고 답한다. 교과서에나 나올 법한 답변이다. 가끔 '직원을 위한 것'이라고 말하는 사람도 있지만 본질적인 답은 아니다.

회사는 '고객을 위해' 존재한다. 이것이 본질이다. 주주나 직원을 위해, 혹은 경영자를 위해 존재한다는 생각은 말도 안 된다.
회사는 고객에게 상품과 서비스를 제공하고, 그에 만족한 고객은 돈을 지불한다. 회사는 고객이 지불한 돈으로 수익을 얻는다. 결국 회사는 고객을 위해 존재하며, 고객 덕분에 존재할 수 있는 것이다.

만일 회사가 직원을 위해 존재한다면 고객이 '귀사의

직원을 행복하게 만들고 싶으니까 제품을 사준다'며 돈을 낸다는 이야기다.

일본의 경영자 중에 '회사는 직원을 위해 존재한다'고 말하는 사람이 꽤 많다. 하지만 내가 보기에는 주객이 전도된 이야기다. 또 어떤 미국의 경영자는 종종 '회사는 주주를 위해 존재한다'고 말한다.
모두 말도 안 되는 소리다.

지금은 온 세상이 불경기인 탓인지 활기를 잃은 경영자가 많다. 그들과 이야기해 보면 은행이 돈을 안 빌려줘서 아무것도 못 한다고 남 탓만 할 뿐, 스스로 움직여서 해결할 생각은 하지 않는다. 고객을 위해 무엇을 할 수 있을지 늘 고민하고 앞장서서 해결책을 실행해야 살아남을 수 있다.

자신의 경영을 채점한다면

스스로에게 경영자로서 점수를 매기면 몇 점일까?
우리 회사의 감사를 맡은 야스모토 씨가 어느 날 내게 물었다.
"경영자로서 본인의 능력을 평가한다면 100점 만점에 몇 점을 주시겠어요?"
"그럭저럭 합격점은 되지 않을까요?"
"그럼 60점인가요?"
"그건 너무하신대요? 70점은 주실 줄 알았는데요."
그렇다. 나는 70점짜리 경영자다. 객관적으로 솔직하게 채점한 결과다.

나는 늘 100점짜리 경영을 목표로 한다.
하지만 영원히 완성되지 않는 것이 경영인지도 모르겠다.
그럼에도 경영자는 항상 100점을 목표로 경영에 힘써야 한다.

보통 경영자는 60점이나 70점밖에 되지 않으면서 스스로 100점이라고 착각한다. 뛰는 놈 위에 나는 놈이 있다는 사실을 모르는 사람이 많다. 혹은 처음부터 100점을 목표로 하지 않아서 큰 실패를 하고 만다.

내 주변에는 선생님이 여럿 있어서 새로운 아이디어나 결단이 필요할 때마다 올바른 답을 내릴 수 있도록 가르치고 이끌어준다. 경영 간부나 직원도 선생님이고 사외임원이나 컨설턴트, 지인도 다 선생님이다.

책에서 배우는 것도 많다. 늘 모르는 것이 많다고 느끼면서 겸허하게 배우는 자세로 책을 읽고 있다.

남의 이야기를 잘 듣는 것이 무엇보다 중요하다.

내가 존경하는 마쓰시타 고노스케는 '중지(衆知)를 모은다'는 말을 자주 강조했다. '중지'란 많은 이들의 지혜를 모은다는 뜻이다. 현장을 잘 아는 직원들이야말로 최고의 지혜를 가지고 있으며, 회사를 진심으로 아끼는 사람들이다. 그들의 지혜를 모으는 것이 실은 가장 좋은 경영 방법이다.

시골 양복점에서 글로벌 기업이 되기까지

1990년 당시 우리 회사는 '유니클로' 매장 일고여덟 곳을 포함해 직영점이 열몇 군데밖에 없었다.
운영자금은 늘 빠듯했고 설비투자금도 거의 떨어졌지만 유니클로 표준점의 구상이 완성되자 손익 구조가 눈에 들어오기 시작했다. 나는 1991년 9월부터 1년 동안 매장 30곳을 출점하겠다는 계획을 직원들 앞에서 발표했다.
이 시기를 놓치면 후회할 것 같았다. 그동안 구상한 것을 실천할 때가 왔다고 생각했다. 도 아니면 모였다.
'앞으로 3년 동안 매년 매장을 30개씩 늘려서 총 100개를 만들고 나서 주식을 상장하고 싶으니 자금을 빌려달라'고 주거래 은행에 부탁하러 갔다.

처음에는 은행도 잘 도와주었다. 하지만 은행이 대출해 준 회사 몇 군데가 도산하자 지점장이 출점을 강력하게 말리기 시작했다. 나와 함께 대출을 부탁하러 가준 야스모토 씨에게도 은행 지점장이 '당분간은 신규 출점을 중지하고 회사 관리체제를 강화한 다음에 생각하면 어떻겠냐, 사장 좀 설득해 달라'고 몇 번이나 호소했다고 한다.

자금을 빌리지 못하면 계획대로 출점할 수 없다.

새로운 매장도 기존 점포도 실적이 호조세였기 때문에 출점 계획을 변경할 생각은 없었다. 자료를 준비해서 몇 번이나 요청하러 갔지만 결국 추가 대출은 거절당했다.

할 수 없이 다른 은행에 찾아가 가까스로 두 곳에서 대출을 받았다.

돌이켜 보면 그때 그 고집불통 지점장 덕분에 오기가 생겨서 더 열심히 할 수 있었다. 내가 원하는 대로 순순히 대출해 주었다면 자칫 방심하다가 실패했을지도 모른다.

고생스러웠지만 아주 귀중한 경험이 되었다.

아마도 인간은 충족되지 못하는 것이나 열등감을 발판으로 삼아 계속해서 애쓰고 행동하는 존재인지도 모른다. 모든 것이 만족스럽고 남보다 못한 것이 없다고 생각하면 분명히 아무것도 하려고 들지 않을 것이다.

우리 회사는 당시 지방의 영세기업이었다.
게다가 의류소매업이라는 좋게 말하면 성숙한 업계,
솔직히 말하면 시대에 뒤처진 사양산업에 속해 있었다.
주변에서도 별 볼 일 없는 회사라고 무시하는 것 같아서
나는 열등감에 가득 차 있었다. 하지만 그런 와중에도
정말 좋은 옷을 만들어 고객들을 기쁘게 하고 싶었다.
또 의류소매업을 바닥부터 새롭게 바꾸고 싶은 강렬한
열망을 품고 있었다. 그 열망이 힘이 되어 맹렬하게
일했고, 책을 읽으며 공부했고, 앞서가는 훌륭한 분들을
만나 자극을 받고 경영을 배웠다. 그 자세는 지금도 바뀌지
않았다.

우리 회사는 여전히 미완성이다. 솔직히 70점 정도로
성공했다면 그건 순전히 창업의 순간부터 지금까지
사그라들지 않은 '강렬한 열정'과 '지속적인 학습'
덕분인지도 모른다. 물론 나를 믿고 따라와 준 모든 직원의
꾸준한 노력이 없었다면 오늘날의 유니클로도 존재하지
않는다. 정말 감사할 따름이다.

차세대 경영자와 기업가들에게

내가 존경해 마지않는 인물이 두 사람 있다.
한 사람은 앞에서도 언급했던 인물로, 경영의 신으로 불리는 마쓰시타 고노스케다. 그는 주관적인 시각으로 독창적인 이론을 정립한 뒤 경영에 적용하고 실천했다.
또 한 사람은 현대 경영학의 아버지 피터 드러커다.
그는 객관적인 시각으로 기업과 조직을 관찰하고 그곳에서 경영이란 무엇인지를 발견했다.
두 사람의 경영 방식은 달랐지만, 경영에 대한 근본적인 생각은 상당히 닮아 있다. 또 책을 통해 나에게 큰 영향을 주었기에 감히 스승이자 은인이라고 부르고 싶다.

NHK 교육 방송의 「아는 즐거움」이라는 25분짜리 프로그램에 출연한 적이 있다. 2009년 6월 매주 목요일 '일하는 방식의 추천'이라는 코너에 총 4회 동안 출연해서

'나의 드러커식 경영론'에 대해 이야기했다.
회사를 경영하면서 몇 번이고 난관에 부딪칠 때마다
드러커의 책을 읽으며 다시 한번 해보자며 힘을 낼 수
있었다.
드러커의 저서를 통해 내가 배우고 이해해서 깨달은
경영론을 프로그램을 통해서 시청자, 특히 젊은 경영자와
기업가에게 전하고 싶었다. 그중 '고객의 창조'에 대한
내용을 옮겨 적으면서 이 글을 마무리하고자 한다.

드러커는 경영에 관한 수많은 명언을 남겼는데 그중에도
경영의 본질을 꿰뚫는 말이 있다.
'기업의 목적은 단 하나, 고객의 창조뿐이다.'

기업은 자신들이 무엇을 팔고 싶은지보다 고객이 무엇을
원하는지를 먼저 생각해서 고객에게 부가가치가 있는
상품을 제공해야 한다는 의미다. 양복점은 질 좋은 양복을
팔고 청과물점은 싸고 신선한 채소와 과일을 판다.
각자의 사업을 통해 사회와 사람에게 공헌하기 때문에
기업은 존재할 수 있다.

아무리 좋은 기업도 이익이 나지 않으면 지속될 수 없으므로 이익도 중요하다. 드러커는 이익은 사회를 위한 공기(公器), 즉 공공을 위한 존재인 기업이 그 역할을 다 하기 위해 필요한 비용이자 조건이라고 말했다.
이익만 추구하고 고객을 돌아보지 않는 기업은 언젠가 도태되어 사라진다.

유니클로를 단순히 베이직 캐주얼 의류를 저렴한 가격으로 판매하는 회사라고 생각하는 사람이 많다.
하지만 우리의 목적은 상품을 싸게 파는 것이 아니다.
좋은 옷을 만들어 많은 사람이 사서 입을 수 있도록 하겠다는 마음이 훨씬 더 크다.
가격을 저렴하게 책정하는 이유도 그 때문이다.
항상 고객의 입장에서 부가가치가 있는 좋은 상품이 무엇일까를 고민하고 그 상품을 제공하면서 고객을 창조할 수 있다고 믿는다.
상품의 부가가치란 지금까지 없었던 새로운 것을 만드는 일이다. 따라서 백이 천이 되고 만도 될 수 있는 엄청난 비즈니스 기회가 잠재되어 있다.

유니클로는 기존의 의류소매업계에 흔하던 위탁판매
방식을 택하지 않았다. 대신 직접 상품을 기획하고
개발해서 제조부터 판매까지 모든 과정을 관리한다.
따라서 상품이 안 팔리면 모든 재고를 떠안을 리스크도
감수해야 한다. 하지만 상품이 1000엔에 팔리지 않으면
눈치 보지 않고 500엔으로 싸게 팔 수 있다.
리스크를 감수한다는 것은 스스로 리스크를 조절할 수
있다는 뜻이다. 모든 리스크를 예측해서 관리할 수 있다는
것은 사실 큰 이점이다.

'고객의 창조'와 관련해 드러커는 '기업의 목적은 모든
기업의 외부에 있다'라는 말도 남겼다.
이 또한 소매업의 경영 방식을 새삼 일깨워 주는 명언이다.
지금 가게를 찾아주는 고객만 바라보며 물건을 판다면
사업의 확장은 바랄 수 없다.
우리가 찾아내야 할 대상은 가게 바깥에서 들어오지 않는
고객, 즉 기업 외부에 있는 잠재적 수요다.

우리 매장을 아직 찾아주지 않은 고객들에게 유니클로
상품의 우수성을 알려야 한다.

이를 위해서는 많은 사람들이 요구하는 부가가치가 높은 상품을 개발해야 한다. 후리스가 그랬고 히트텍이 그랬다. 유니클로의 모든 히트 상품은 이런 생각을 바탕으로 탄생한 제품이다.

두 제품 모두 기존에도 판매되던 것이었다.
후리스는 등산복과 같은 아웃도어용품 중 고가품이었다. 히트텍은 따뜻한 속옷, 말하자면 할머니가 입는 내복이었다. 이 제품들에 대한 고객의 잠재적 수요를 찾아내, 품질과 기능을 개량하고 개선점을 찾아, 저렴한 가격과 풍부한 색상, 높은 기능성과 같은 부가가치를 더한 것이다.

고객을 창조하려면 부가가치를 지닌 상품을 개발하는 것 외에 또 한 가지 중요한 일이 있다. TV 광고와 잡지를 활용하여 전략적으로 이미지를 형성하고 기업의 자세를 전하는 PR 활동이다.
우리 회사가 어떤 기업이며 브랜드가 전달하려는 메시지가 무엇인지 세상에 알리는 일도 소매업에서는 무척 중요하다. 그 가게나 회사가 무엇을 하는 곳인지,

어떤 상품을 파는지 제대로 전달해야 한다.
길 가던 고객이 우연히 매장에 들러주기만 기다리면 절대 고객을 새로 창조할 수 없다.

1994년 7월 유니클로가 히로시마 증권 거래소에 상장한 이래, 매장에서는 아래 세 가지 정책을 실행하기 시작했다.

- 상품 구입 후 3개월 동안은 이유를 불문하고 반품 및 교환해 드립니다.
- 광고 상품의 품절 사태를 방지하겠습니다. 만일 상품이 품절되면 즉시 구비하거나 대체상품을 마련하겠습니다.
- 언제든지 기분 좋게 쇼핑하실 수 있도록 정리정돈이 철저하고 청결한 매장으로 만들겠습니다.

첫 번째 정책인 '반품 및 교환해 드립니다'를 생생하게 전달하고자 TV 광고를 제작했다.
간사이 지방의 중년 여성이 매장에서 옷을 벗은 채 '교환해 달라'고 외치는 내용이었다.
내 딴에는 걸작이 나왔다며 기뻐했는데 막상 방송이

나가자 안방극장, 특히 연배가 있는 분들에게서 '천박하다'거나 '내 모습을 보는 것 같아서 부끄럽다', '여성을 무시하는 거냐'며 항의 전화가 빗발쳤고 석 달 만에 방영이 중지되었다. 결국 우리가 전하고 싶었던 내용이 전혀 전달되지 못했던 것이다.
어쨌든 화제가 되기는 해서 유니클로의 인지도가 상당히 올라갔으므로 회사로서는 완전한 실패는 아니었다.

반면 그 뒤에 나온 광고 중에 인기 뮤지션 야마자키 마사요시를 기용해 다큐멘터리식으로 제작한 것은 크게 성공했다. 그가 유니클로 제품을 입은 채 '당신의 스타일에 대해 말씀해 주세요'라는 인터뷰 질문에 답하는 광고였는데 큰 인기를 끌었다. 유니클로의 브랜드 이미지를 높인 대표적인 광고로 꼽힌다.
앞선 실패 사례를 반성하면서 일방적으로 '전하는' 것이 아니라 제대로 '전해지는' 것을 만들자는 의도로 제작한 결과였다.

그 상품의 어떤 점이 어떻게 좋은지, 가격은 얼마인지, 언제부터 파는지와 같은 구체적인 정보, 즉 '실제 사실'을 제대로 전달한 다음 '이미지'를 더하는 것이 중요하다.
실제 사실과 이미지를 함께 전달하면 10이 20이 되는 효과를 볼 수 있다.
광고는 사실의 힘을 두 배, 세 배 강력하게 만드는 터보엔진과 같은 것이다.

드러커는 이런 말도 남겼다.
"누구나 자신의 강점을 활용해 보수를 얻는다. 약점으로 얻는 것이 아니다. 그러므로 첫 번째 질문은 언제나 '우리의 강점은 무엇인가?'여야 한다."

약점은 고치려고 애써도 노력한 만큼 효과가 나오지 않는다. 그렇다면 약한 부분은 무시하고 잘하는 부분을 살려서 경영하는 편이 낫다.
신기하게도 강점을 강조하면 약점이 사라져 버린다.
사람은 장점을 칭찬받으면 자연스럽게 결점을 보완하려는 마음이 생기는데 기업도 마찬가지다. 기업의 뛰어난 부분을 부각시키고 강화하면 결점은 가려져 보이지 않게 된다.

나는 지금까지 회사를 경영하면서 셀 수 없을 만큼 많은 실패를 경험했다. 하지만 앞으로도 실패를 두려워하지 않고 새로운 일에 주저 없이 도전할 것이다.

그사이에 또 다른 강점을 찾아내 키워갈 것이다.

그것이 우리가 성장할 수 있는 지름길이다.

Change or Die

올해는 반드시 성과를 내겠습니다. 2020년 매출 5조 엔, 경상이익 1조 엔을 확실히 달성하는 '실행'의 첫해로 삼겠습니다. 1년 동안 반드시 이 목표가 달성 가능하다고 확신할 수 있는 성과를 내겠습니다. 유감스럽게도 작년 1년 동안 우리 회사의 실적은 그다지 좋지 않았습니다. 이는 우리 경영진의 책임입니다. 저는 이 실패의 원인을 철저히 인식하여 올해를 성장궤도에 오르는 1년으로 만들어나가겠습니다.

부진의 원인은 본부 경영관리직이 해야 할 업무를 특정한 후 그 실행에 적극적으로 참여하지 못한 데 있습니다. 본부 전 직원의 일상적 업무에 대한 이해력, 판단력, 주의력, 집중력이 부족했던 것입니다. 나아가 즉시 실행하는 일, 지속 가능한 업무 구조 구축, 철저한 실행이 제대로 되지 않았던 탓도 있습니다. 올해는 글로벌 본사에 어울리는 경영관리직과 담당자가 되도록 변혁을 강력하게 요구하겠습니다.

올해 3월 패스트 리테일링 컨벤션은 매년 시행하던 점장 컨벤션을 본부 컨벤션으로 변경했습니다. 또 앞으로는 3년 계획이 아니라 1년 계획을 경영진 전원이 실행해 나가겠습니다. 반드시 만족할 만한 성과를 내겠습니다.

나아가 세계 각지의 현장에서 상품을 판매하는 모든 직원도 최고의 고객 만족을 실현하는 데 동참해 주기를 요구합니다. 세계 각지에 산지를 확대하고 있는 생산 직원도 최고의 상품을 생산해 주기를 바랍니다. 패스트 리테일링의 직원이라면 어느 회사, 어떤 부서든 한 명도 빠짐없이 일하는 동안 매일 생각하고, 생각하고, 또 생각해서 새로운 현실에 적극적으로 대응하고 해야 할 일을 철저히 실행할 필요가 있습니다.

올해의 표어는 'Change or Die'입니다. '혁신하라, 그러지 않으면 죽음뿐이다'라는 의미입니다. 감히 이 과격한 표현을 올해의 방침으로 삼았습니다.

우리는 일본에서 급성장한 세계 4위의 의류제조 소매기업입니다. 세계적으로 인지도도 올라서 고객의 기대도 높아졌습니다. 하지만 유감스럽게도 우리의 경영 수준과 업무 수준은 여전히 만족할 만한 수준에 도달하지 않았습니다. 지금 다시 한번 모든 직원이 세계 최고를 목표로 업무를 혁신해서 세계 최고 수준의 일을 할 수 있도록 단기간에 성장할 필요가 있습니다. 우리 패스트 리테일링의 최대 목표는 세계 최고의 의류제조 소매기업이 되는 것입니다. 우리는 일본에서 출발한 글로벌 혁신 기업이 되어야 합니다. 모토는 '글로벌 원', '전원 경영 체제'입니다.
경영에는 모든 직원이 한 사람도 빠짐없이 모두 참여합니다.

10년 후의 매출 목표는 일본 1조 엔, 중국 1조 엔, 아시아 1조 엔, 미국 1조 엔, 유럽 1조 엔입니다. 목표 성과는 연 20%의 성장을 경상이익 20%로 달성하는 것입니다. 이 목표를 달성하기 위해 상하이, 싱가포르, 뉴욕, 파리에 경영 거점을 세우고 유니클로만이 아니라 시어리, 콩투아 데 코토니에, 프린세스 탐탐, GU의 경영을 해나가겠습니다.
유니클로는 영국, 미국, 프랑스, 중국, 러시아, 대만, 한국, 싱가포르, 말레이시아, 베트남, 필리핀에 진출할 수 있는 상태를 만들겠습니다.
FRMIC는 도쿄만이 아니라 상하이, 싱가포르, 뉴욕, 파리에 거점을 두고 경영 인재를 육성해 나가겠습니다. 200명의 직원을 제 몫을 다하는 경영자로 만들기 위해 철저하게 교육하고 훈련해 나가겠습니다.

내년 3월 영어 공용화에 대비해 점장 이상의 전원이 영어로 원활하게 비즈니스를 할 수 있도록 만들겠습니다. 세계에서 일할 때 영어로 커뮤니케이션할 수 없으면 아무것도 이룰 수 없고 일상적인 업무부터 경영에 이르기까지 치명적인 약점이 됩니다. 우리의 목표는 모든 직원이 전 세계에서, 세계 최고 수준의 경영을 하고, 세계 최고 수준의 상품을 고객에게 전달하는 세계 최고 수준의 매장을 경영하는 것입니다.

마지막으로 '유니클로 옷'의 정의를 명확히 설명드리겠습니다. 고심 끝에 작성한 정의입니다. 앞으로 이 정의에 따라 상품을 기획하고 생산하여 홍보를 통해 판매해 나가겠습니다.

유니클로 옷이란, 의상의 완성된 부품이다.

유니클로 옷이란, 개개인의 라이프 스타일을 만드는 도구다.

유니클로 옷이란, 만드는 사람이 아니라 입는 사람의 가치관으로 만들어진 옷이다.

유니클로 옷이란, 미적 감각과 합리성으로 완성된 옷이다.

유니클로 옷이란, 전 세계 모든 사람들을 위한 옷이며 그런 의미에서 궁극적인 옷이다.

뜻을 품고 살아가자

올해의 방침은 '뜻을 품고 살아가자'로 정했습니다. 뜻이란 굳은 결심과 함께 인생을 걸고 사회를 위해, 남을 위해, 위대한 일을 완수하는 것입니다. 뜻은 사람이 살아가고 일을 하는 데 반드시 필요한 것입니다. 뜻은 인간과 그 집단만이 가질 수 있습니다. 특히 폐색감이 짙어진 현재의 일본과 세계에서 뜻을 품고 살아가는 일은 무엇보다 중요하다고 생각합니다.

2011년은 일본에 참으로 힘든 해였습니다. 3월 11일 동일본 대지진으로 괴멸적인 피해를 입었습니다. 지진과 쓰나미, 원자력 발전소 사고, 그 이후의 계획 정전과 절전. 실로 어두운 한 해였습니다.

정치와 행정은 무대책으로 일관했고 앞으로 나가지 못한 채 혼란스러웠습니다. 1990년 일본의 버블붕괴 이후 대책 없이 지내온 대가를 한꺼번에 치르고 있는 것 같습니다. 국민의 예금과 재산을 담보로 멋대로 빚을 만들더니 다 날려버린 정부. 지난 20년 동안 빚쟁이 생활로 받을 생각만 하고 돈 벌기는 잊어버린 일본인. 열심히 일하기보다 좋게좋게 지나치는 국민. 자기 보신과 기만에 가득 찬 정치가와 관료들. 돈으로 표를 사 모은 정치가. 게다가 그 돈은 국민의 세금과 재산을 담보로 한 빚더미입니다. 범죄적인 행위의 본질을 보도하지 않는 언론. 연금 정책 붕괴와 원자력 발전소 사고는 범죄이자 인재입니다.
제가 15년 전에 예상했을 때보다 더 빠른 속도로 일본은 붕괴하고 있습니다. 지금이야말로 이 경제 패전을 냉철하게 인식하고 맞서지 않으면 안 됩니다. 이 미증유의 난관에 맞서 개인도 회사도 어떻게든 살아남아야 합니다.

왜 이 일을 심각하게 생각하는가. 그것은 제 경험 때문입니다.
저는 야마구치현 우베시에서 태어났습니다. 우베시는 탄광촌이었습니다. 에너지 혁명, 즉 석탄에서 석유로 전환하는 바람에 탄광은 폐광이 되었고 단숨에 5만 명의 인구가 사라졌습니다. 탄광 노동자가 살던 동네는 없어졌고 초등학교도 폐교되었습니다. 동네와 학교가 갑자기 사라진 것입니다. 그 후 해안가에는 시멘트와 비료 공장이 들어섰고 그 공장조차 지금은 해외로 떠나기 시작했습니다.
우리 회사의 시작점에는 옛날 기성 신사복을 팔던 소매점이 있습니다. 제가 어릴 때는 가게에서 판매할 신사복을 구입하러 오사카의 다니마치에 가곤 했습니다. 현재 다니마치는 도매상 거리에서 아파트촌으로 바뀌었습니다. 또 섬유의 산지도 일본에서 한국, 대만으로 옮겨 갔고 중국이 되었다가 지금은 동남아시아 국가로 옮겨 가려고 합니다.

또 우리 가족은 상점가에 살았습니다. 제가 어릴 적에 상점가에는 항상 손님이 많았습니다. 지금은 옛 모습을 전혀 찾을 수 없고 셔터가 닫힌 거리 모습은 유령 도시와 다름없습니다.
세계적으로 유명한 기업들도 비슷한 경험을 했지만, 시대의 비정한 흐름은 외면하고 싶을 뿐입니다. 정말 씁쓸합니다.
그런 시대적 배경 속에 패스트 리테일링은 1990년대 이후 급속도로 성장했습니다. 그 이유는 1990년대 초반부터 전체 직원이 '일본 패션업계의 1990년대는 사실상 유니클로의 시대였다'는 말을 듣고 싶다는 바람으로 하나가 되어 열심히 노력했기 때문입니다. 우리의 뜻이 품은 힘이 컸다고 생각합니다.

우리는 이제 '세계 패션업계의 2010년대는 패스트 리테일링의 시대였다'는 말을 듣도록 만들고 싶습니다. 그 목표를 모든 직원과 함께 이루어내고 싶습니다.
작년에는 유니클로의 뉴욕 5번가와 서울, 타이페이의 플래그십 매장이 성공하여 글로벌 브랜드로 세계 시장에 우뚝 섰습니다.
유니클로의 중국 사업과 한국 사업은 수년 내에 매출 1000억 엔을 넘길 것입니다. 또 홍콩, 대만, 싱가포르, 말레이시아, 태국의 사업도 크게 비약해 나갈 것입니다. 그 외의 아시아 국가에도 계속 진출하겠습니다. 유럽과 미국의 사업도 파리, 런던, 유럽에서 가장 존재감 있는 브랜드로 만들기 위해 확대하겠습니다. 러시아 사업도 급속도로 정상화되기 시작했습니다. 국내 사업은 글로벌 브랜드가 되기 위해 사업을 재구축해 나가겠습니다.

이번 봄 글로벌 브랜드의 실현을 기대하며 긴자에 도쿄의 첫 글로벌 플래그십 매장을 출점합니다. 나아가 올 가을 신주쿠에 세계에서 가장 잘 팔리는 제품을 엄선해 놓은 글로벌 번영점을 오픈합니다.
시어리도 오트쿠튀르 디자이너 올리비에 데스켄스의 독창성이 더해져 글로벌 브랜드로 더욱 알려지게 되었습니다. 앞으로는 글로벌 원 시어리로서 유럽과 아시아에서 매출을 올리겠습니다. 콩투아 데 코토니에와 프린세스 탐탐도 경영진을 쇄신하고 재도약을 목표로 하고 있습니다. 다시 한번 20% 이상의 수익률을 올릴 수 있는 브랜드에 도전하겠습니다. 나아가 GU의 매출도 최상의 수준이며 전국적인 인지도 역시 상승했습니다.

뉴욕, 파리, 싱가포르, 상하이에서 드디어 지역 본부가 가동하기 시작했습니다. 동시에 FRMIC, 유니클로 대학교도 전 세계로 확대되어 다수의 우수한 인재를 채용하고 육성하는 데 힘을 발휘해 나가겠습니다.

패스트 리테일링의 신념은 FR WAY의 선언으로 집약됩니다.
'지금까지 없던 새로운 가치를 지닌 옷을 창조하고, 전 세계 모든 사람에게 멋진 옷을 입는 기쁨과 행복, 만족감을 제공합니다.'
'옷을 바꾸고, 상식을 바꾸고, 세계를 바꿔 나간다.'
우리의 신념은 FR WAY, 경영 이념 23개 조, 그리고 '모두를 위한 옷'에 있습니다.

10년, 20년, 30년, 40년 혹은 그 이상의 오랜 세월을 생각하면 신념이 있고 없고가 결정적인 차이를 만듭니다. 여러분의 인생이 더욱 충실하고 의미 있는 것이 되도록 올해야말로 신념의 달성을 위해 전 직원이 실행해 나가겠습니다.
2012년은 패스트 리테일링의 모든 기업이 글로벌 시장에서 비상하는 한 해로 만들겠습니다.

맺음말

나는 지금까지 진지하게 '정말 좋은 옷은 무엇일까'를 끊임없이 생각해 왔다. 좋은 옷을 만들어 세상 사람들을 기쁘게 하고 싶어서 다양한 측면에서 '옳음'을 고집하며 소매업을 경영해 왔다.

세상에 애쓰지 않고 편하게 돈을 벌 수 있는 장사는 없다. 소매업은 특히 매일매일 꾸준하게 노력해야 하며 그렇게 해도 지속하기가 여간 어려운 일이 아니다. 가게 문을 열고 있다고 물건이 저절로 팔리지는 않기 때문이다.
손님이 가게에 오지 않으면 어쩔 수 없다. 또 가게에 와도 물건이 마음에 들지 않아 사지 않으면 매출이 나오지 않는다. 매출이 없으면 망할 날만 기다릴 뿐이다.
나는 지금도 신상품을 매장에 진열할 때면 '한 장이라도 더 많이 팔려라' 하고 간절하게 기도한다.

가게가 망하지 않으려면 손님이 기분 좋게 가게를 찾을 수 있어야 한다. 또 애써 온 손님이 상품을 마음에 들어 할 수 있도록 좋은 제품을 만들어야 한다. 기존 고객과 새로운 고객 모두 싫증 내지 않고 다시 찾아올 수 있게 완성된 회사와 브랜드, 매장, 상품, 그리고 직원이 되어야 한다. 우리는 고객에게 한 발자국이라도 더 가까이 다가갈 수 있게 착실히 노력해야 한다.

당연한 말이지만 계속 애쓰지 않으면 절대 팔리지 않는다. 현장의 상황을 잘 보고 제대로 파악해서 문제가 있다 싶으면 바로 고치는 과정을 반복해야 한다. 팔리지 않아서 이익이 나오지 않는 것을 불경기나 날씨, 남 탓을 하면 안 된다.

매일 반복되는 업무의 정확성이 며칠 전, 몇 년 전, 몇십 년 전과 비교해서 얼마나 나아졌는지를 봐야 한다.
그것이 성공과 실패를 가르는 지점이다. 그런 의미에서 성공의 포인트는 제조업이든 서비스든 업종과 상관이 없고 스포츠 역시 마찬가지다.
스포츠는 최선을 다해 연습하면 할수록 실력이 좋아진다.

장사도 시행착오를 되풀이하면서 꾸준히 연습하고 도전하면 잘하게 된다. 우리 회사는 이제 국내뿐 아니라 글로벌 시장으로 나아가 전 세계의 경쟁 상대와 매일 싸우고 있다.

내가 일하는 사무실 벽에는 뉴욕 5번가의 흑백사진이 걸려 있다. 어쩌면 5년 후나 10년 후에 뉴욕의 5번가에 유니클로 매장이 생길 수도 있다. 사실은 지금 당장이라도 시도할 수 있지만 임대료가 너무 비싸기에 언젠가 채산성이 있다고 판단되면 매장을 열 생각이다. 2009년 5월 16일 자 《타임스》에 실린 인터뷰 기사에서도 말했지만 언젠가 미국의 갭도 사들일 수 있는 날이 올지 모른다. 지금은 막연한 꿈이나 농담처럼 들릴지 모른다. 하지만 꿈과 목표를 늘 고민하고 매일의 업무를 착실히 수행하며 도전해 간다면 원하는 것은 반드시 이루어진다.

지금 책상 위에는 내 앞으로 온 수상식 초대장이 있다. 수상식은 2010년 1월 12일 뉴욕에서 개최되며 보낸 사람은 전미소매협회(NRF)의 NRF 국제상 선고위원장이다. NRF는 소매업에 관한 가장 권위 있는 기관이다. 매년 소매업에서 탁월한 실적을 올리고 국제적인 평판을 얻은 기업을 한 곳을 골라 표창한다. 과거에는 자라, 에이치앤엠, 까르푸, 메트로 AG 등이 선정되었고 일본에서는 1998년에 이토요카도의 이토 마사토시가, 1985년에는 자스코의 오카다 다쿠야가 뽑혔다. 수상식 당일은 미국 전역에서 1000여 명 정도의 소매업 CEO와 경영 간부가 모인다고 한다.
패스트 리테일링은 만장일치로 선정되었다고 초대장에 쓰여 있었다. 우리 회사의 글로벌 진출이 이처럼 평가받았다는 것은 회사는 물론 나 개인에게도 대단히 명예로운 일이다. 앞으로도 이번 수상이 부끄럽지 않도록 매일매일 노력을 거듭해 나갈 것이다.

경영은 언제든 무너질 수 있는 '사상누각'과 같다. 방심해서 자기 점검과 변혁을 소홀히 하는 순간 즉시 끝장난다. 앞으로도 우리 그룹의 모든 경영진과 직원들이 밝은 희망과 높은 뜻을 품고 현실과 현장을 제대로 인식해서 세계 최고의 기업을 목표로 최선의 노력을 아끼지 않는 기업 그룹을 만들었으면 한다.

개정판 후기

나는 이 책을 통해 '현상 유지는 최고로 멍청한 짓'이며 안정지향이야말로 회사를 망치는 길이라는 점을 말하고 싶었다. 제목 그대로다. 성공은 하루 만에 잊어야 한다. 자신의 미래, 그리고 자신이 속한 회사의 미래를 위해 해야 할 일은 현재 상태를 부정하고 매일 땀내 나도록 일진일퇴를 거듭하며 악전고투하는 것뿐이다.

매년 1월 1일에 전 직원에게 전달한 '새해의 포부'를 매 장마다 정리해 두었다. 내가 실제로 직원들에게 무엇을 호소하고, 요구하며, 어디로 나아가고자 했는지 알 수 있을 것이다.

시간은 빨리도 흐른다. 2009년 10월 단행본을 발간한 지 벌써 2년 반 가까이 지났다. 이번 책이 간행될 때까지 발표한 '새해의 포부'도 새로 덧붙였다. 지난 2년 반 사이에 도대체 우리가 무엇을 목표로 달려왔는지 그 글을 통해 이해할 수 있을 것이다.

2년 반 전, 도서 후기에 "어쩌면 5년 후나 10년 후에 뉴욕의 5번가에 유니클로 매장이 생길 수도 있다"라고 썼다. 이 예상은 생각보다 이른 시기인 2011년 10월에 실현되었다. 이어서 뉴욕 34번가에도 유니클로의 메가 스토어를 오픈했다. 뉴욕 고객들에게 기대 이상으로 높은 평가도 받았다.

뉴욕 5번가의 매장 오프닝 행사에서 블룸버그 뉴욕 시장이 뜻깊은 환영 인사를 해주셨다.
"이번 유니클로 출점은 잡스(Jobs)입니다."
이 말에는 두 가지 뜻이 담겨 있다.

하나는 애플의 창업자 스티브 잡스를 의미한다.
유니클로 매장이 오픈하는 10월 14일에 아이폰 4S가 전 세계에 동시 발매되어 5번가 매장에 긴 행렬이 생긴 것이다.

또 하나는 일자리(jobs)다. 유니클로의 글로벌 플래그십 매장이 오픈한 덕분에 뉴욕시에 일자리가 생겼다는 뜻이다.

이 두 가지 사건이 뉴욕 5번가를 더욱 매력적인 거리로 만들어주었다. 자화자찬일지 모르지만 나는 그렇게 이해했다.

뉴욕 5번가의 매장은 일곱 번째 세계 플래그십 매장이다. 2006년 뉴욕 소호 지구에 처음 글로벌 플래그십 매장을 오픈한 이래 런던, 파리, 상하이, 오사카 신사이바시, 타이페이에 이어 뉴욕 5번가에 오픈했다.

유니클로에게 뉴욕 5번가라는 입지는 미국 전역, 나아가 전 세계를 향해 열린 쇼룸으로 엄청난 홍보 가치가 있다. 이제 유니클로는 글로벌 브랜드로서 세계에 알려지기 시작했다.

이 모든 것을 우리 직원들의 힘으로 이루어낸 것이다. 늘 말하듯 꿈과 목표에 대해 끊임없이 생각하고 실천하고 또 도전하면 반드시 원하는 것을 손에 쥘 수 있다.

오는 2020년에 매출 5조 엔과 경상이익 1조 엔을 확실히 달성하기 위한 현장·제품·현실의 과제가 산더미처럼 쌓여 있다.
안정지향으로 빠지는 순간 회사는 망한다. 이 사실을 스스로 되뇌면서 높은 뜻을 가슴에 안고 우직하게 한 발씩 나아갈 작정이다.

이 책이 『1승 9패』와 마찬가지로 개정되어 유니클로의 옷처럼 부담 없이 손에 들고 다닐 수 있게 되어 기쁘다.
독자 여러분 스스로 깨달음을 얻고 객관적인 평가를 통해 자신을 혁신할 수 있는 계기가 된다면 더욱 기쁘겠다.

야나이 다다시

FR WAY

Statement 이념

옷을 바꾸고, 상식을 바꾸고, 세계를 바꿔 나간다.

Mission 미션

패스트 리테일링 그룹은

- 지금까지 없던 새로운 가치를 지닌 옷을 창조하고, 전 세계 모든 사람에게 멋진 옷을 입는 기쁨과 행복, 만족감을 제공합니다.
- 독자적인 기업 활동을 통해 사람들이 충실한 삶을 실현하는 데 공헌하고, 사회와 조화롭게 발전하도록 노력합니다.

Value 가치관

- 고객의 입장에 입각
- 혁신과 도전
- 개성의 존중 및 회사와 개인의 성장
- 정의를 향한 집념

Principle 행동 규범

- 고객을 위한 다양한 활동을 합니다.
- 최고 수준을 지향하며 탁월성을 추구합니다.
- 다양성을 활용하고 팀워크로 높은 성과를 올립니다.
- 모든 일을 신속하게 실행합니다.
- 현장·제품·현실에 바탕을 두고 실질적인 비즈니스 활동을 전개합니다.
- 높은 윤리관을 지니고 세계 시민으로서 행동합니다.

FR WAY의 해설

- '미션'은 패스트 리테일링 그룹의 사명을 나타내며, 패스트 리테일링 그룹이 무엇을 위해 존재하는지, 기업 활동을 통해 무엇을 실현하려는지를 나타내는 이념입니다.

정말 좋은 옷

사람들은 누구나 좋은 옷을 원합니다. 그러나 좋은 옷이라 해도 사람마다 원하는 옷이 서로 다르며, 각자의 취향도 매우 폭넓고 다양합니다. 어쩌면 자신에게 좋은 옷이 어떤 것인지 그 자체를 잘 모르는 사람도 있을 것입니다. 이처럼 좋은 옷이 무엇인지 정의하고 창조하는 일은 쉬운 일이 아닙니다.
그렇기 때문에 패스트 리테일링은 누구나 진심으로 갖고 싶을 만한 '정말 좋은 옷'을 만들어내는 것을 기업의 사명으로 삼고 있습니다.

패스트 리테일링의 역사는 '정말 좋은 옷'을 추구해 온 발자취였습니다. 우리는 그 역사를 통해 '정말 좋은 옷'은 개개인의 서로 다른 라이프 스타일을 초월해 많은 사람들의 사랑을 받는다는 사실을 증명해 왔습니다. '정말 좋은 옷'이란 더 많은 사람들로부터 큰 사랑을 받을 수 있는 힘을 지닌다는 것을 체험해 왔습니다.

'정말 좋은 옷'이란, 국경을 넘어 민족과 문화의 차이를 넘어, 전 세계에 공감대를 넓혀가고 있습니다.

저희 패스트 리테일링 그룹은 '정말 좋은 옷을 창조한다'는 명제 아래, 때에 따라 변하는 사람들의 요구를 철저히 분석하면서 '좋은 옷'을 계속 만들어갈 것입니다. 이 명제를 실현할 힘을 지닌 능력 있는 기업을 모아 기업 그룹을 형성하고, 개별 기업의 능력과 그룹의 온 힘을 다해 '정말 좋은 옷'을 만들기 위해 노력할 것입니다.

지금까지 찾아볼 수 없었던 새로운 가치를 지닌 옷

그렇다면 '정말 좋은 옷'이란 어떤 옷일까요? 많은 사람들이 진정으로 아끼는 '정말 좋은 옷'은 과거에 존재했거나 현재 존재하는 사람들의 취향과 욕구의 최대공약수에서 생겨나지 않습니다.
'정말 좋은 옷'이란 기존의 옷이 지닌 가치관에서 벗어나 '새로운 가치를 지닌 옷'이어야 합니다.
고객이 품고 있는 옷에 대한 개념도 초월한 '지금까지 찾아볼 수 없었던 새로운 가치'를 제안해야만 더 많은 사람들의 마음을 감동시키고 고객의 뜨거운 지지를 받을 수 있을 것입니다.
'새로운 가치를 지닌 옷'의 개발에 착수해 '정말 좋은 옷'을 창조해 나가는 패스트 리테일링은 앞으로도 그룹 차원에서 옷의 새로운 가능성을 열어나가겠습니다.

모든 사람들에게 좋은 옷을 입을 수 있는
기쁨, 행복, 만족감을 제공

패스트 리테일링은 '정말 좋은 옷'을 통해서 모든 사람들에게 멋진 옷을 입는 기쁨과 행복, 만족감을 제공하겠습니다. 또 의류 관련 상품도 제공해 옷을 입는 기쁨의 세계를 한층 더 풍요롭게 넓혀가겠습니다.

패스트 리테일링은 옷의 힘으로 인간 생활과 인생을 풍요롭게 만들어나가겠습니다.

독자적인 기업 활동을 통해
사람들의 충실한 삶을 실현하는 데 공헌

패스트 리테일링은 '정말 좋은 옷'을 지속적으로 제공하기 위해 '정보발신 제조소매업'이라는 지금까지 없던 새로운 사업 컨셉을 바탕으로 기업 활동을 펼치고 있습니다.

옷은 그 시대의 트렌드를 반영하는 것이며, 새로운 라이프 스타일을 제안하는 상품이기도 합니다. 또 신선한 감성의 디자인을 선보일 수 있는 장이며, 신소재와 새로운 기능을 체험할 수 있는 매체이기도 합니다.

다시 말해 옷은 많은 사람들의 생활 속의 '정보 매체'이며 '정보 그 자체'입니다.

패스트 리테일링은 이 '옷이라는 정보'를 발신하는 기업으로서 정보를 발신하는 데 필수적인 정보 수집과 편집, 가공, 전달의 모든 과정을 제조소매업이라는 기업 활동

속에서 일관되게 가동할 것입니다.

그리고 사람들에게 시대를 앞서가는 가치 있는 정보를 끊임없이 제공하면서 새로운 수요를 창출할 것입니다.

패스트 리테일링은 '정보발신 제조소매업'이라는 독자적인 사업 컨셉을 바탕으로 기업을 경영하여 사람들이 풍요로운 삶을 영위하는 데 빼놓을 수 없는 중요한 기업이 될 것입니다.

사회와의 조화로운 발전 추구

패스트 리테일링은 기업 활동에 있어서 법률과 규제를 준수하고 사회의 규범과 양식에 따라 활동하며 환경을 배려한 안전한 상품과 서비스를 제공하겠습니다.

또 글로벌 사업 활동으로 발생하는 환경 부담을 진지하게 고민하고, 그 부담을 지속적으로 줄여나갈 수 있도록 노력할 것입니다. 그리고 지역사회 및 패스트 리테일링과 연관된 사람들과 좋은 관계를 맺고, 사업을 통해 풍요로운 사회의 발전과 더 나은 세상을 실현하기 위해 공헌하겠습니다.

- '가치관'은 미션을 달성하기 위해 수행하는 모든 활동에서 의사결정의 기준이 되는 기본적인 기업 가치관을 나타내는 이념입니다.

고객의 입장에 입각

우리에게 가장 소중한 존재는 고객입니다.

우리의 모든 활동은 고객의 만족과 기쁨을 위한 것입니다. 그러므로 우리가 무언가를 생각할 때는 반드시 '고객의 입장'에서 생각하고, '그것이 고객에게 무엇을 제공하는지', '그것이 고객의 바람에 부응하는지'를 고객의 입장에서 검토하고 평가합니다. 상품과 매장, 서비스, 커뮤니케이션 등 판매와 관련된 활동뿐만 아니라 조직의 체제 구축과 경영 계획, 그리고 다른 모든 경영 정책 또한 최종적으로 고객에게 어떠한 변화를 가져올 것인지를 염두에 두고 실행합니다.

우리를 가장 엄격하게 평가하는 사람은 고객이며 우리의 존속을 가능하게 하는 이 또한 고객이기 때문입니다.

혁신과 도전

'혁신과 도전'이란 지금까지 패스트 리테일링의 성장을 뒷받침해 온 기본 정신입니다. 이는 패스트 리테일링의 DNA라고도 할 수 있습니다. 이 기본 정신이 없다면 기업의 영속적인 발전도 직원의 행복도 이룰 수 없습니다.

'혁신'이란 과거의 상식에 얽매이지 않고 사물의 본질부터 재검토하고, 근본을 더 바람직하게 그리고 새롭게 바꿔가려는 자세입니다. '도전'이란 곤란과 경쟁에 과감히 맞서 항상 최고의 수준을 지향하려는 자세입니다. 우리는 이 '혁신과 도전'을 앞으로도 패스트 리테일링의 기본 정신으로 활용하겠습니다.

우리는 '혁신과 도전'을 기업 경영에서, 각 부문과 매장 그리고 개인의 일상적인 활동에 이르기까지 다양한 차원에서 일관되게 추구할 것입니다.

개성의 존중, 회사와 개인의 성장

기업 활동의 주역은 바로 우리 인간입니다.

패스트 리테일링에는 그 정신과 사업 내용에 공감하는

수많은 직원이 모여 있습니다. 우리는 이 한 사람 한 사람이 프로가 되어 업무를 통해 자부심과 자신감을 키워, 패스트 리테일링의 주인공으로서 빛나게 활약할 수 있는 조직을 만들어갈 것입니다. 개인의 성장 없이 회사의 성장은 있을 수 없고, 회사의 성장 없이 개인의 성장 또한 있을 수 없다고 생각하기 때문입니다.
우리는 개인과 회사가 함께 성장하고 발전해 성과를 공유할 수 있는 기업이 되겠습니다.
패스트 리테일링은 탁월한 인재를 끊임없이 육성하는 인재 양성 기업을 목표로 하고 있습니다.

정의를 향한 집념

기업의 부정행위는 오랜 기간 성장시킨 브랜드 가치를 하룻밤 사이에 실추시키고 맙니다.
패스트 리테일링은 경영 방침, 상거래에 임하는 자세, 직원들의 사고방식 등 모든 기업 활동에서 '정의'를 관철할 것입니다. 이것이 바로 우리의 기업 자세입니다.
올바른 기업 자세와 기업 활동이야말로 기업의 신용과

신뢰를 쌓는 주춧돌입니다. 기업으로서 법규를 준수하고 공정성을 유지하는 것은 물론 모든 직원에게도 올바른 행동을 요구할 것입니다.
상품이나 서비스 자체보다 먼저, 저희의 기업 자세를 평가해 주기 바랍니다. 패스트 리테일링은 탁월한 상품과 서비스에 걸맞은 품격 있는 기업으로 많은 사람들의 사랑과 존경을 받을 수 있도록 노력하겠습니다.

- '행동 규범'은 패스트 리테일링 그룹에 소속되어 있는 모든 직원들이 일상적인 활동에서 특별히 마음에 새길 행동 방침을 나타내는 이념입니다.

고객을 위해 다양한 활동을 합니다

저희 사업은 고객을 위한 사업입니다.
매장에서 고객과 대면하는 업무는 물론 직접 고객과 만날 수 없는 부문의 업무라 할지라도 모든 것은 어떤 형태로든 고객과 연결되어 있습니다.
우리는 각자가 담당하는 일이 어떻게 고객의 기쁨과 만

족으로 이어질 수 있을지를 항상 생각하면서 일합니다.
고객이 우리의 운명을 쥐고 있습니다. 우리의 모든 활동은 고객을 위한 것입니다.

탁월함을 추구하며 최고 수준을 목표로 합니다

우리는 언제나 자신의 업무에서 탁월함을 추구합니다.
일을 할 때는 최고의 목표를 설정하고 최고 수준의 성과를 지향합니다. 만약 성과가 목표에 미치지 못했다 해도 높은 목표를 세워 열심히 노력하기 때문에 많은 것을 배우고 발전할 수 있습니다.
목표를 낮게 설정하면 자신의 가능성을 펼칠 수 있는 세계가 좁아지고 맙니다.
높은 목표를 향해 전력을 기울여 노력해 간다면 언젠가는 반드시 그 목표는 달성할 수 있을 것입니다.

다양성을 살린 팀워크로 높은 성과를 실현합니다

패스트 리테일링 그룹에는 사업 내용이 전혀 다른 기업들이 있습니다. 그리고 각 기업에는 사업 내용이 서로 다른 부서가 있습니다. 또 그곳에는 국적이나 성별 그리고 연령이나 고용 형태 등이 다른 많은 동료가 있으며, 각자가 중요한 역할을 맡아 활동하고 있습니다.

이처럼 저희 패스트 리테일링 그룹은 하나의 목적을 향해 다양한 기업과 부서 그리고 사람들이 모여 형성된 집단입니다.

회사와 회사, 부서와 부서, 그리고 사람과 사람이 공통의 목적을 향해 서로 역할을 분담해 함께 연대하는 것이 조직 활동입니다. 조직 전체가 힘을 합해 팀워크를 발휘한다면 불가능한 일도 가능해집니다.

우리는 개개인이 팀의 일원으로서 소중한 역할을 맡고 있다는 것을 자각하고 동료들과 서로 공감하고 신뢰할 수 있는 관계를 구축해 주체적인 팀워크를 추진합니다. 그리고 서로 다른 사람들이 각자의 다양성을 살려 시너지 효과를 내고 아울러 전체적인 최적화를 실현해서 더욱 높은 성과를 이루어낼 것입니다.

모든 일을 신속하게 실행합니다

스피드는 사업 활동을 전개하는 데 부가가치를 창출하는 가장 기본적인 요소입니다. 스피드라는 단어에는 '다른 것에 앞서가는 속도'와 '업무를 신속히 처리함'이라는 두 가지 의미가 담겨 있습니다. 우리는 고객이 원하는 상품과 서비스를 실시간으로 빠르게 제공하는 스피드를 비즈니스로 삼고 있습니다.

패스트 리테일링이 사회 변화에 신속히 대응해 지속적으로 시장을 리드하기 위해서는 사업 활동 그 자체의 속도를 필수적으로 높여야 합니다.

다른 것에 앞서 모든 행동의 속도를 높여 효율성을 향상시키는 것이 바로 비즈니스에서 승자가 되는 중요한 열쇠입니다. 따라서 우리는 어떤 업무에서도 항상 속도를 중시하고 실패를 두려워하지 않고 즉시 판단하고 바로 결심하며 즉각 실행에 옮기겠습니다.

우리는 패스트 리테일링이라는 명칭이 '신속한 소매업'에서 유래되었다는 사실을 가슴 깊이 새기고 행동합니다.

현장, 제품, 현실에 입각해

실질적인 비즈니스 활동을 전개합니다

패스트 리테일링은 고객에게 상품을 전달하는 사업을 하고 있습니다. 그 순간의 장소와 시간이 가장 중요합니다. 그래서 우리는 언제나 현장, 제품, 현실을 정확하게 파악하여 현장, 제품, 현실을 발상의 근원으로 하는, 실질적인 사업이 전개될 수 있도록 노력하고 있습니다.

지금 매장은 어떤 상태인지, 상품은 어떤지, 고객은 어떤지, 거기에 문제는 없는지, 어떠한 가능성이 있는지, 어떻게 하면 문제를 해결할 수 있는지를 항상 생각합니다. 다른 무엇도 아닌 자신의 눈과 귀, 머리로 매장과 상품 그리고 고객의 실제를 파악하고 제안하고 실행합니다. 그리고 끊임없이 더 나은 현장과 상품, 현실을 만들어내기 위해 노력하겠습니다.

높은 윤리관을 지닌 세계 시민으로 행동합니다

우리는 전 세계 사람들에게 옷을 입는 기쁨과 행복, 만족감을 제공하는 글로벌 기업 패스트 리테일링의 일원으로서 한 사람 한 사람이 탁월한 비즈니스맨이자 동시에 높은 윤리관을 지닌 한 명의 인간이 되어야 한다고 생각합니다.

나라와 민족마다 서로 문화가 다르며, 사회 습관과 상식도 다릅니다. 우리는 지금 관계를 맺고 있는 사회를 깊이 이해하고 사회 규범을 준수하며, 아울러 국제 사회가 안고 있는 과제와 지구 환경을 배려하며 행동하고, 모든 사람들에게 신뢰받는 세계 시민이 되도록 노력합니다.

패스트 리테일링 주요 연표

1949년	3월	—	야마구치현 우베시에서 야나이 히토시(야나이 다다시의 부친)가 '신사복 오고리 상사' 창업
1963년	5월	—	자본금 600만 엔으로 (주)오고리 상사를 설립
1972년	8월	—	야나이 다다시가 오고리 상사에 입사
1984년	6월	—	유니클로 1호점을 히로시마현 히로시마시에 출점(1호점 1991년에 폐점)
	9월	—	야나이 히토시가 회장, 야나이 다다시가 사장으로 취임
1985년	6월	—	유니클로 최초의 교외형 매장인 유니클로 야마노덴점을 야마구치현 시모노세키시에 출점(이 매장이 훗날 유니클로 매장의 원형이 됨, 1991년에 폐점)
1991년	9월	—	상호를 (주)오고리 상사에서 (주)패스트 리테일링으로 변경
1994년	7월	—	히로시마증권거래소에 주식을 상장
1997년	4월	—	도쿄증권거래소 제2부에 주식을 상장
1998년	10월	—	1998년 8월 결산 발표 매출액 831억 엔, 경상이익 63억 엔
	10월	—	유니클로의 1900엔짜리 후리스가 화제를 불러일으킴
	11월	—	수도권에 최초의 도심형 매장 유니클로 하라주쿠점을 오픈(도쿄 시부야구)
1999년	2월	—	도쿄 증권 거래소 제1부로 상장 주식 지정
	10월	—	1999년 8월 결산 발표 매출 1110억 엔, 경상이익 141억엔
2000년	4월	—	도쿄 본부 개설
	10월	—	2000년 8월 결산 발표 매출 2289억 엔, 경상이익 604억 엔

2001년	9월	—	유니클로 해외 진출의 첫걸음으로 영국 런던에 출점
	10월	—	2001년 8월 결산 발표 매출액 4185억 엔, 경상이익 1032억 엔
2002년	9월	—	중국 상하이에 유니클로 출점, 중국에서 영업 개시
	10월	—	2002년 8월 결산 발표 매출액 3441억 엔, 경상이익 511억 엔
	11월	—	대표이사 회장에 야나이 다다시, 대표이사 사장에 다마쓰카 겐이치 취임
	11월	—	'SKIP'이라는 브랜드로 식품사업 개시(2004년 4월 사업 철수)
2003년	10월	—	유니클로 캐시미어 캠페인이 주목받음
	10월	—	2003년 8월 결산 발표 매출액 3097억 엔, 경상이익 415억 엔
2004년	1월	—	컨템퍼러리 브랜드 '시어리'를 운영하는 (주)링크 인터내셔널(현재 (주)링크 시어리 홀딩스)에 출자
	2월	—	여성복 브랜드 '내셔널 스탠더드'를 운영하는 (주)내셔널 스탠더드를 자회사화(2006년 5월 철수)
	10월	—	2004년 8월 결산 발표 매출액 3399억 엔, 경상이익 641억 엔
	10월	—	유니클로의 첫 대형 매장 '유니클로 플러스 신사이바시점' 출점
2005년	3월	—	신발소매업 체인점을 운영하는 (주)원존 자회사화(현 GU)
	5월	—	유럽을 중심으로 '콩투아 데 코토니에' 브랜드를 운영하는 넬슨 파이낸스 경영권 취득
	9월	—	대표이사 사장 다마쓰카 겐이치 사임, 야나이 다다시가 대표이사 회장 겸 사장으로 취임
	9월	—	(주)콩투아 데 코토니에 재팬 설립
	9월	—	이탈리아 '아스페지' 브랜드의 일본 판매자 회사인 (주)실드를 자회사화하여 (주)아스페지 재팬으로 사명 변경(2008년 7월 철수)
	9월	—	한국 유니클로 1호점을 서울에 출점

9월 — 미국 유니클로 1호점을 뉴저지주에 출점(2007년 4월 폐점)

9월 — 홍콩 유니클로 1호점을 침사추이에 출점

9월 — 여성 이너웨어 전문점 '보디 바이 유니클로'를 긴자에 출점

10월 — 2005년 8월 결산 발표 매출액 3839억 엔, 경상이익 586억 엔

10월 — 유니클로 플래그십 매장인 유니클로 긴자점(도쿄도 주오구) 출점

10월 — 유아·아동복 전문점 '유니클로 키즈' 출점

11월 — 지주회사 체제로 이행

2006년 2월 — 프랑스 대표 란제리 브랜드 '프린세스 탐탐'을 운영하는 프티 베이퀼을 자회사화

2월 — 콩투아 데 코토니에 일본 1호점 개점

3월 — 도쿄 본부를 도쿄도 지요다구 구단기타로 이전

3월 — 저가 캐주얼 브랜드 매장 'GU'를 전개하는 (주)GU 설립(현 GOV 리테일링)

4월 — 여성복 기획 및 판매체인 (주)캐빈 출자(2006년 8월에 완전 자회사화)

6월 — 콩투아 데 코토니에를 운영하는 넬슨 파이낸스의 주식을 추가로 취득하여 자회사화

6월 — (주)유니클로가 (주)도레이와 전략적 파트너십 구축을 목적으로 업무제휴 체결

8월 — (주)캐빈의 주식을 추가로 취득하여 자회사화

8월 — 유니클로의 '전 상품 리사이클 활동' 시작

8월 — 2006년 8월 결산 발표 매출액 4488억 엔, 경상이익 731억 엔

10월 — 지바현 이치카와시에 GU 1호점 개점

10월 — 여성화 전문점 체인 (주)뷰컴퍼니에 출자(2008년 2월에 자회사화, 현재 GOV 리테일링)

	11월	—	유니클로 사상 처음으로 미국 뉴욕에 1000평 규모의 글로벌 플래그십 매장 개점
2007년	3월	—	1000평급 일본 최대 유니클로 대형점 '고베 하버랜드점' 출점
	4월	—	티셔츠 전문점 'UT 스토어 하라주쿠' 출점
	5월	—	1000평 규모의 유니클로 세타가야 지토세다이점 출점
	10월	—	2007년 8월 결산 발표 매출액 5252억 엔, 경상이익 646억 엔
	11월	—	영국 런던 옥스퍼드 스트리트에 글로벌 플래그십 매장 출점
	12월	—	한국 첫 대형 매장 유니클로 명동점 개점
	12월	—	프랑스 유니클로 1호점을 라데팡스에 출점
2008년	3월	—	㈜뷰컴퍼니 공개매입을 통해 완전 자회사화
	6월	—	'유니클락'이 세계 3대 광고상인 '칸 국제광고제' 그랑프리 수상
	9월	—	GU, 원존, 뷰컴퍼니 3사를 통합해 GOV 리테일링 설립
	10월	—	2008년 8월 결산 발표 매출액 5864억 엔, 경상이익 856억 엔
	11월	—	방글라데시에 현지 생산을 목적으로 합병회사 CPAT PRIVATE 출자
	12월	—	중국 화남지구 1호점 유니클로 선전 태양광장점 개점
2009년	3월	—	GOV 리테일링의 GU '990엔짜리 청바지' 발매가 화제가 됨
	3월	—	㈜링크 시어리 홀딩스의 주식을 공개매입해서 자회사화
	3월	—	디자이너 질 샌더와 유니클로 상품 디자인 컨설팅 계약 체결
	4월	—	싱가포르 1호점 '탐파니즈 원점' 출점
	4월	—	유니클로 중국에서 인터넷 판매사업 시작
	4월	—	도쿄 메가 스토어 '유니클로 신주쿠 서쪽 출구점' 출점
	8월	—	싱가포르 2호점 '아이온 오차드점' 출점
	10월	—	파리 오페라 지구에 글로벌 플래그십 매장 개점
	10월	—	유니클로 긴자점을 700평의 초대형점으로 리뉴얼 오픈

10월 — 질 샌더와 협업하여 컬렉션 유니클로 '+J' 발매

10월 — 2009년 8월 결산 발표 매출액 6850억 엔, 경상이익 1013억 엔

2010년 3월 — 도쿄 본부를 롯폰기 미드타운 타워로 이전

4월 — 러시아 유니클로 1호점 '아틀리움점'을 모스크바에 출점

5월 — 유니클로의 글로벌 플래그십 매장 '상하이 난징 서로점'을 출점

7월 — 유니클로가 (주)도레이와 '전략적 파트너십 제2기 5개년 계획' 발표

7월 — 방글라데시 인민공화국에서 사회적 기업을 위한 합병회사 설립을 그라민은행과 합의

10월 — 2010년 8월 결산 발표 매출 8148억 엔, 경상이익 1237억 엔

10월 — 일본 최초의 유니클로 글로벌 플래그십 매장 오사카 '신사이바시점'을 오픈

10월 — 대만 유니클로 1호점 '유니클로 통일 한큐 백화점 북점'을 타이페이에 출점

11월 — 말레이시아 유니클로 1호점 '파렌하이트 88점'을 쿠알라룸푸르에 출점

2011년 2월 — 패스트 리테일링이 UN 난민기구와 글로벌 파트너십 체결에 합의

3월 — 오사카 백화점 내에 '유니클로 다이마루 우메다점' 출점

3월 — 동일본 대지진 피해 지역에 생활 수요가 많은 속옷 종류를 중심으로 히트텍 속옷, 후리스 재킷 등 유니클로와 GU의 상품을 기증

5월 — '모모·가키 육영회 동일본 대지진 고아 육영자산' 설립에 운영자금을 기부

9월 — '유니클로 이케부쿠로 도부점'을 리뉴얼 오픈
9월 — 태국 최초의 유니클로 점포 '센트럴월드점'을 방콕에 출점
9월 — 타이페이에 유니클로 글로벌 플래그십 매장 '밍야오 백화점'을 출점
10월 — 뉴욕에 유니클로 글로벌 플래그십 매장 '뉴욕 5번가점' 및 '뉴욕 34번가점'을 출점
10월 — 2011년 8월 결산 발표 매출액 8203억 엔, 경상이익 1070억 엔
11월 — 서울에 유니클로 글로벌 플래그십 매장 '명동 중앙점'을 출점

2012년 2월 — 동일본 대지진 피해 지역 지원을 위해 '유니클로 복구 응원 프로젝트'를 발표
3월 — 도쿄 긴자에 세계 최대 규모의 글로벌 플래그십 매장 '유니클로 긴자점' 오픈
3월 — 유니클로의 9번째 글로벌 플래그십 매장인 유니클로 긴자점 출점
3월 — GU의 3번째 플래그십 매장 GU 긴자점 출점
3월 — 유니클로와 스트리트 웨어 패션 브랜드 언더커버가 협업한 새로운 컬렉션 uu 발매
5월 — 프로 테니스 선수 노박 조코비치와 글로벌 브랜드 앰버서더 계약 체결
6월 — 필리핀 유니클로 1호점을 마닐라에 출점
9월 — 유니클로 글로벌 번영점 '빅크로 신주쿠 동쪽 출구점' 출점
10월 — 미국 서해안 최초의 유니클로 매장 '샌프란시스코 유니언 스퀘어점' 출점
12월 — 미국 로스앤젤레스를 거점으로 하는 프리미엄 데님 브랜드 'J 브랜드 홀딩스' 지분 과반수를 인수

2013년	3월	—	프로 골프 선수 애덤 스콧과 글로벌 브랜드 앰버서더 계약 체결
	4월	—	홍콩에 유니클로 10번째 글로벌 플래그십 매장 '유니클로 리 시어터점' 출점
	6월	—	인도네시아 유니클로 1호점을 자카르타에 출점
	7월	—	그라민 은행과 공동으로 설립한 그라민 유니클로 최초의 매장이 방글라데시 다카 시내에 2개 점포 동시 오픈
	9월	—	상하이에 글로벌 플래그십 매장 유니클로 상하이점 출점
	9월	—	GU의 해외 진출 신호탄으로 상하이점 출점
2014년	3월	—	홍콩 증권거래소 메인보드 시장에 홍콩주식예탁증서(HDR)를 발행하고 상장함(도쿄 증권거래소에 이은 2차 상장)
	3월	—	유니클로 글로벌 번영점 이케부쿠로 선샤인시티 60거리점 출점
	3월	—	유니클로가 프랑스 출신 모델이자 디자이너 이네스 드 라 프레상쥬와의 컬라보 컬렉션 발매
	4월	—	호주 유니클로 1호점을 멜버른에 출점
	4월	—	독일 유니클로 1호점이자 글로벌 플래그십 매장인 타우엔치엔점을 베를린에 출점
	4월	—	유니클로 글로벌 번영점 도쿄 오카치마치점 출점
	9월	—	타이완 GU 1호점 출점
	10월	—	유니클로 글로벌 번영점 도쿄 기치조지점 출점
	10월	—	오사카에 유니클로 글로벌 번영점 '유니클로 오사카' 출점
2015년	8월	—	유니클로와 디즈니의 글로벌 컬라보레이션 프로젝트 '매직 포 올' 출범
	9월	—	패스트 리테일링이 글로벌 컨설팅 회사 액센추어와 IT 사업 추진을 위해 (주)웨어렉스 설립

10월 — 벨기에 유니클로 1호점을 안트베르펜에 출점

10월 — 유니클로와 프랑스 브랜드 르메르의 컬라보 컬렉션 '유니클로 르메르(UNIQLO AND LEMAIRE)' 발매

10월 — 미국 중서부 최초의 유니클로 플래그십 매장, 시카고 미시간 에비뉴점 출점

11월 — 유니클로가 (주)도레이와 '전략적 파트너십 제3기 5개년 계획'을 발표

12월 — 유니클로 창사 이래 최초로 회사채 발행, 2500억 엔 규모

2016년 3월 — 영국 유니클로 글로벌 플래그십 매장 311 옥스퍼드 스트리트점을 리뉴얼 오픈

4월 — 도쿄 아리아케에 차세대 물류센터 준공

9월 — 동남 아시아 최초의 유니클로 글로벌 플래그십 매장 오차드 센트럴점을 싱가폴에 출점

9월 — 뉴욕의 유니클로 글로벌 플래그십 매장 소호 뉴욕점을 리뉴얼 오픈

9월 — 캐나다 유니클로 1호점을 토론토에 출점

9월 — 파리 R&D 센터에서 개발한 유니클로의 새로운 컬렉션 'Uniqlo U'를 전 세계 유니클로 매장에서 판매 개시

2017년 2월 — 도쿄 아리아케에 유니클로 본부 '유니클로 시티 도쿄' 출범, 유니클로의 상품과 사업 기능을 롯폰기 본부에서 이전함

3월 — 일본 유니클로의 온라인 스토어를 리뉴얼 오픈, 시즌별 추천 코디 상품을 통째로 구매할 수 있는 새로운 서비스 'Shop by Look'과 온라인에서 구매한 상품을 편의점과 유니클로 매장에서 수령할 수 있는 서비스 시작

3월 — 홍콩 GU 1호점 출점

9월 — 스페인 유니클로 1호점을 바르셀로나에 출점

	9월	—	유니클로가 영국 런던 브랜드 JW 앤더슨과 협업한 컬렉션 'UNIQLO and JW ANDERSON' 출시
2018년	6월	—	회사채 2500억 엔 발행
	6월	—	패스트 리테일링이 기업의 사회적 책임에 대한 이행 정도를 평가하는 영국의 'FTSE4Good 지수'와 일본 기업들의 환경, 사회, 지배 구조(ESG) 성과를 반영하는 'FTSE Blossom Japan 지수'에 편입
	7월	—	프로 테니스 선수 로저 페더러와 글로벌 브랜드 앰배서더 계약 체결
	7월	—	패스트 리테일링이 (주)시마 세이키 제작소와 홀가먼트® 상품의 대량 생산을 위한 전략적 파트너십 강화 발표
	8월	—	스웨덴 최초의 유니클로 매장을 스톡홀름에 오픈
	9월	—	한국 최초의 GU 매장을 서울 롯데월드몰에 오픈
	9월	—	네덜란드 최초의 유니클로 매장을 암스테르담에 오픈
	10월	—	필리핀에 유니클로 글로벌 플래그십 매장 유니클로 마닐라점 출점
	10월	—	패스트 리테일링이 (주)다이후쿠와 물류에 관한 전략적 글로벌 파트너십 체결
	10월	—	도쿄 아리아케 물류센터가 전자상거래(EC)를 위한 자동화 창고로 본격 가동
	11월	—	프로 스노보드 선수 히라노 아유무와 글로벌 브랜드 앰버서더 계약 체결
	11월	—	패스트 리테일링이 기업의 사회적 책임(CSR)에 대한 자발적 국제협약인 유엔 글로벌 콤팩트에 서명
2019년	4월	—	덴마크 유니클로 1호점을 코펜하겐에 오픈
	9월	—	이탈리아 유니클로 1호점을 밀라노에 출점

10월 — 인도 유니클로 1호점을 뉴델리에 출점

11월 — ㈜다이후쿠와 더불어 ㈜MUJIN, 프랑스 물류자동로봇 공급회사 엑소텍과 공급망 영역에 관한 전략적 글로벌 파트너십 체결

12월 — 베트남 유니클로 1호점을 호찌민에 출점

2020년 3월 — 코로나 19 대책 지원으로 의료용 마스크 등을 일본 및 해외 의료기관에 기부 계획 발표

4월 — 온 가족이 즐거운 시간을 보낼 수 있는 새로운 스타일의 대형 매장 '유니클로 파크 요코하마 베이사이드점', 'GU 유니클로 파크 요코하마 베이사이드점' 오픈

6월 — 실제와 가상현실의 융합을 구현한 최신 매장, '유니클로 하라주쿠점' 오픈

6월 — 라이프 웨어를 구현한 글로벌 플래그십 매장 '유니클로 도쿄'를 긴자에 오픈

6월 — 패스트 리테일링이 'MSCI 일본 ESG 셀렉트 리더스 지수'에 편입

9월 — 'Re.UNIQLO' 개시, 난민과 피난민에 의류 지원(REUSE)과 더불어 회수한 의류를 새로운 제품으로 부활시키는 순환형 리사이클을 추진

11월 — 최초의 성공적인 컬라보레이션 컬렉션 발표, 디자이너 질 샌더와 만든 컬라보레이션 컬렉션 '+J'를 전 세계 유니클로에서 판매 개시

12월 — 패스트 리테일링이 기후변화 대응을 위한 탄소정보 공개프로젝트인 CDP의 수자원 안정성 부문 A 등급 기업으로 선정, 수자원 대책의 국제지표에서 최고 평가를 획득

2021년 3월 — 일본 유니클로와 GU는 3월 12일부터 원래 가격을 그대로 세

금 포함 가격으로 결정해서 고객의 쇼핑 편의성 향상 추구

4월 — 일본 최대 규모의 사내 촬영 스튜디오, 새로운 고객 센터, 유니클로 가상점포를 아리아케 본부에 개설, 전 세계 고객의 의견을 본사에 직접 전달해서 실시간으로 상품과 서비스 개발에 활용하는 시스템 강화

9월 — 프랑스 파리의 리볼리 거리에 패션과 문화 융합을 테마로 '유니클로 리볼리 매장' 출점

10월 — 타이페이의 유니클로 글로벌 플래그십 매장 '유니클로 타이페이'가 리뉴얼 오픈

11월 — 유니클로 글로벌 플래그십 매장 '유니클로 베이징 싼리툰점'을 중국 대륙에 출점

2022년 4월 — 도쿄 증권거래소의 개편에 따라 '프라임 시장'으로 이동

4월 — 유럽 최초로 유니클로와 시어리 브랜드를 함께 운영하는 매장을 런던 리젠트 스트리트에 오픈

5월 — 유니클로가 이탈리아 럭셔리 브랜드 마르니(MARNI)와 컬라보한 최초의 공동 컬렉션 출시

6월 — 평화를 염원하는 자선 티셔츠 프로젝트 'PEACE FOR ALL' 시작

9월 — 소중한 옷을 오랫동안 입을 수 있도록 수선과 리메이크 서비스를 제공하는 'RE.UNIQLO STUDIO' 시작, 1호점을 영국 런던의 리젠트 스트리트점에 오픈

10월 — 미국 최초의 GU 팝업스토어를 뉴욕에 출점

10월 — 폴란드 최초의 팝업스토어를 바르샤바에 출점

12월 — 기후변화와 수자원 안정성 두 부문에서 'CDP A 등급' 획득

2023년 3월 — 패스트 리테일링 보통주 1주를 3주로 액면분할

4월 — 유니클로의 새로운 교외형 매장 '유니클로 마에바시 미나

미 인터점' 출점

9월 — 프랑스의 유니클로 글로벌 플래그십 매장 '유니클로 파리 오페라점'이 리뉴얼 오픈

9월 — 영국 유명 패션 디자이너 클레어 웨이트 켈러가 참여한 여성 컬렉션 'UNIQLO : C'를 전세계 발매 개시

10월 — 룩셈부르크 유니클로 1호점을 룩셈부르크시 그랑뤼에 출점

11월 — 패스트 리테일링과 유엔 난민기구가 심각해지는 세계 난민 문제에 신속하게 대응하기 위해 새롭게 글로벌 파트너십 강화

2024년 2월 — 탄소정보 공개프로젝트(CDP) 평가의 기후변화 분야에서 최고 등급인 A등급을 2년 연속 획득

4월 — CDP에서 주관하는 기후변화 관련 공급망 평가에서 'CDP 2023 공급망 인게이지먼트 리더 보드'에 선정

9월 — 영국 패션 디자이너 클레어 웨이트 켈러, 유니클로 크리에이티브 디렉터에 취임

9월 — 미국 GU 1호점을 뉴욕에 출점

9월 — 폴란드 유니클로 1호점을 바르샤바에 출점

10월 — 유니클로 40주년 기념 특별전 '라이프 웨어의 예술과 과학'을 프랑스 파리에서 개최

10월 — 유니클로 글로벌 플래그십 매장 '유니클로 신주쿠 본점'을 출점

박선영

이화여자대학교를 졸업하고 도쿄대학교 대학원에서 언어정보학을 공부했다. 현재 서울디지털대학교, 메가스터디 엠베스트 등에서 일본어를 가르치고 있으며, 출판번역 에이전시 글로하나에서 다양한 분야의 일본어 도서를 리뷰, 번역하면서 일본어 번역가로 활발히 활동하고 있다. 옮긴 책으로는《괴물 같은 기업 키엔스를 배워라》《내가 선생님을 죽였다》《이케아 INSIGHT》《혼자 행복해지는 연습》《미미와 리리의 철학 모험》《기다림의 칼》《향연》《13억분의 1의 남자》《여자의 인간관계》《다섯 가지 상처》《말해서는 안 되는 너무 잔혹한 진실》 등이 있다.

성공은 하루 만에 잊어라

초판 1쇄 인쇄 2025년 5월 19일
초판 1쇄 발행 2025년 5월 30일

지은이 야나이 다다시
옮긴이 박선영
펴낸이 김선식

부사장 김은영
콘텐츠사업본부장 임보윤
기획편집 조은서 **디자인** 윤유정 **책임마케터** 지석배
콘텐츠사업1팀장 한다혜 **콘텐츠사업1팀** 윤유정, 문주연, 조은서
마케팅2팀 이고은, 양지환, 지석배
미디어홍보본부장 정명찬
브랜드홍보팀 오수미, 서가을, 김은지, 이소영, 박장미, 박주현
채널홍보팀 김민정, 정세림, 고나연, 변승주, 홍수경 **영상홍보팀** 이수인, 염아라, 김혜원, 이지연
편집관리팀 조세현, 김호주, 백설희 **저작권팀** 성민경, 이슬, 윤제희
재무관리팀 하미선, 임혜정, 이슬기, 김주영, 오지수 **인사총무팀** 강미숙, 이정환, 김혜진, 황종원
제작관리팀 이소현, 김소영, 김진경, 이지우, 황인우
물류관리팀 김형기, 김선진, 주정훈, 양문현, 채원석, 박재연, 이준희, 이민운

펴낸곳 다산북스 **출판등록** 2005년 12월 23일 제313-2005-00277호
주소 경기도 파주시 회동길 490
대표전화 02-704-1724 **팩스** 02-703-2219 **이메일** dasanbooks@dasanbooks.com
홈페이지 www.dasan.group **블로그** blog.naver.com/dasan_books
용지 스마일몬스터 **인쇄** 한영문화사 **코팅 및 후가공** 평창피앤지 **제본** 국일문화사

ISBN 979-11-306-6416-3 (03320)

· 책값은 표지 뒤쪽에 있습니다.
· 파본은 구입하신 서점에서 교환해 드립니다.
· 이 책은 저작권법에 의하여 보호를 받는 저작물이므로 무단 전재와 복제를 금합니다.

다산북스(DASANBOOKS)는 독자 여러분의 책에 관한 아이디어와 원고 투고를 기쁜 마음으로 기다리고 있습니다.
책 출간을 원하는 아이디어가 있으신 분은 다산북스 홈페이지 '투고원고'란으로 간단한 개요와 취지, 연락처 등을 보내주세요.
머뭇거리지 말고 문을 두드리세요.